鳥と人、交わりの文化誌

細川博昭
HOSOKAWA
Hiroaki

春秋社

はじめに

鳥と人間の関係史に関心をもつ研究者と、いつから人間は鳥の愛玩を始めたのか、という議論をすることがある。だが、専門家のあいだでも見解が分かれ、意見の一致を見ることがない。旧石器時代から、カモ類を中心とした鳥が食料となっていたことは事実である。問題は、その時代や、少し時間が経った時期に、愛玩飼養やそれに類することが行われたかどうかだ。

それを証明する証拠は、簡単には見つからない。そのため、証拠がないのだから事実はわからないと考えるのが一般的である。自分もひとまず、その立場に立つ。動物の愛玩は、ある程度、心と暮らしに余裕がないとできないことなので、文明化以前に鳥の愛玩があったとは考えにくいという声は大きい。

だが、その一方で、おそらくその事実はあったと考える専門家もいる。

人のそばで暮らすことに慣れたスズメなどの鳥は、偶然もしくは意図して差し出される「おこぼれ」を期待して、何かを食べている人間の近くに寄ってくることがある。もちろん最初は緊張し、なかなか距離を詰めてこない。しかし、その人間は自分に害をなさないという確信を得ていくにつれて、高まっていた警戒心が少しずつ緩んでいく。同時に、食べ物に対する期待と関心が高まる。生存本能からくる「食べたい」という気持ちは、空腹であればあるほど抗いがたい。

本能的な死の恐怖と食への欲求、好奇心が、微妙な心のバランスシートの上に乗っている。それが釣り合った状態なら、鳥は一定の距離から動かない。人間の様子を観察しつつ、バランスシート上のなにかが変わるのを待っている。その「なにか」は、人間や周囲の状況だったり、その鳥自身の心だったりする。

人間が急に動けば恐怖が高まり、反射的に飛び立つ。攻撃されたと感じた場合もそう。逆に、人間が動かず、なにもしないまま食べ物を少し離れた場所に置くなどすると、その鳥の脳の中で、飛び立って逃げられる距離かどうか、次に人間はどんな行動に出るかなど、複雑なシミュレーションが行われる。逡巡後、近づいても大丈夫そうだと思ったら、人間に寄ってみたりもする。

過剰すぎない警戒心と、異種への好奇心をもちあわせた鳥が、文明をもちつつあった人間と接触した様子を想像してみることはたやすい。このように、参考になる事例が今も身の回りにあるからだ。

日本で繁殖する外来種のワカケホンセイインコには、人間が用意した餌台の上でのドバトやスズメの様子や、彼らと人間との関係を見きわめて、そこでの自身の振る舞いを決める様子が観察される。スズメ、ヤマガラ、ドバトなどは、野生の身でありながら、日々の暮らしの中で半馴《はんじゅん》化《か》状態になって、人間の手から餌をもらって食べるケースもある。「なにか食べるものはありませんか？」と目や態度で尋ねてくる鳥さえいる。

地上で餌を採る鳥は、耕された直後の畑などに重要なタンパク源である昆虫類がたくさんいることを知り、撒かれたタネや実った作物も含めてごちそうになることを学習する。ときに人間から追い払われたりもする。一方の人間は、「追い払う」という日々の行為を通して、その鳥の存在が意識に深く刻まれ、いつしか「身近な鳥」と認識するようになっていく。その鳥が田や畑の害虫を食べることを知って、「益鳥」と見なすこともあった。

そうした事実が判明しているので、定住が始まったころには、人間に懐いた身近な鳥がいた可能性は否定できない。特定の鳥と特定の人間のあいだで、好意・愛情の交換が行われたことがあったかもしれないとも思う。人間の個体を識別する能力を、多くの鳥がもっている。

愛玩、という言葉の定義を狭くしすぎると、逆に鳥との関係が見えなくなるのかもしれないと、最近になって思うようになった。籠に入れて飼うことや、直接的なふれあいだけが愛玩ではない。野生でありながらも人間に心を開いて一定の距離を保って暮らす鳥との愛情交換も、広い意味で、かたちを変えた愛玩と見ることもできる。

人類史の初期に、人間が鳥を愛玩した可能性があると考える研究者の脳裏にあるのが、ここで挙げたようなゆるく広い意味での愛玩だとしたら、確かにその可能性は否定することができない。こんなふうに、定義を緩めた視点で鳥を見て、過去に思いを馳せると、これまでとはまたちがった関係が見えてくる。神話や西洋音楽と鳥との関係は、こうしたゆるやかな愛を想像することで、より鮮明な像を結ぶ。鳥の文化誌をひもといていく作業は、かつての人類の意識に踏み込み、新たな知見を得ていく旅でもある。

はるかな古代から、鳥は人類の憧れだった。肉食の獣に襲われたとき、飛び越せない境界を眼前にしたとき、人間は、翼をはためかせて遠方へと飛び去る鳥を見上げて、その翼を羨んだ。猛禽は小動物や小鳥を襲う一方で、ときに人間の乳幼児も襲った。その強さに憧れ、ときに獰猛さに恐怖した。その力にあやかりたいと願った者も少なからずいた。多くの国で紋章に採用された猛禽の姿には、こうした複雑な気持ちが反映されている。

季節ごとに姿を見せたり消えたりする渡り鳥は、星の巡りとともに、ゆるやかな暦としても機能していた。日本のような四季のある国で春夏秋冬を教えてくれたのは鳥だった。鳥たちが、朝の訪れを教えてくれる存在であったこともまた事実である。

鳥と出会ったことで人間が得たものは、とても大きい。そんな鳥と人間が織りなす文化誌を詳しく紹介したく思い、書いたのがこの本である。

鳥と人間の関係史とその文化は、現在の暮らしとも深く関わっている。そんな鳥の文化誌の海に飛び込んでみることで、鳥に対する新たなイメージが心に浮かんでくるように思う。

歴史の中で鳥と人間がいかに深く、複雑に絡んできたのか知って、鳥に対する興味や関心を新たにしていただけたら嬉しく思う。

鳥と人、交わりの文化誌　目次

鳥と人、交わりの文化誌

序章　歴史の黎明期から関係を紡いできた人と鳥

1　連綿と続く人と鳥との関わり

鳥がいるから世界は楽しい

鳥の愛好家はもちろん、さまざまな分野の芸術家も、鳥に関係する領域の研究者の多くも、「鳥がいなければ、鳥との関わりがなければ、人類の歴史は今よりもずっと味気ないものになっていたにちがいない」と思っているだろう。

絵画や彫刻、文学、音楽や舞台芸術の中、その重要なモチーフとして鳥が採用されているものは、挙げだすと本当にきりがない。その事実が、人と鳥との関係の深さや関わりの多様性を示している。

だが、ふつうに暮らす多くの人間にとって鳥は空気のようなものであり、そこにいてあたりまえ、そこに在ってあたりまえのものでもあった。

鳥の声が、遠く、近く、どこからか聞こえてくるのも、風の音や木々の葉擦れ、小川のせせらぎや海鳴りと同じように、ただ自然のうちに存在する環境音のひとつにすぎなかった。

科学が進み、進歩的な暮らしをするようになってからは、鳥のことを、綺麗な羽毛や姿をもち、ときに美麗なさえずりで癒しを届けてくれる存在ではあるものの、生物としては人類よりもはるかに劣っていて、虫や魚と同様、知性も感情もない下等な生き物と見下してきた傾向がある。

さえずりも、求愛などの行動も、本能に従うだけで、彼らに高度な脳活動など存在しないと信じられてきた。

本当は、そんなことなどないにもかかわらず——。

多くの土地で、そういった思考を後押ししたのは、科学と宗教だった。

他方、空や樹上から世界や世界の一部である人間を見てきた鳥の、人間に対する印象は、「昔は樹の上にいた生きものが、最近になって地上を二本足で歩き回るようになった。急に増えた……」という感覚に近いのではないかと思う。長い進化の歴史をもつ鳥からすれば、五百万年前、一千万年前など、ごく最近のことにすぎないのだから。

人間がどれだけ科学を発達させようと、ほかの動物と同様、鳥にとっては、人間的な文明など不要なもので、特に関心をもつようなものでもなく、人間から大きな影響を受けることもない。人間との関わりや距離感も、基本的には従来どおり。鳥の心はなにも変わらない。

ただ、人間がつくる環境などで利用できるものがあったら利用してやるかと、「思考」ではなく、本能からくる「感覚」で実行するのみ。人間のそばにいれば猛禽や肉食獣から襲われることが減るとわかれば、人間のそばへ。人間がつくる建物が子育てに最適と感じたら、そこに巣を。人間の近くで暮らすと食料が得やすいとわかれば、そこに定着しようとも思う。

安全な環境、食料を得やすい環境を見つけてそこに馴染むこともまた、本能にもとづいた鳥の暮らしの一部であるのだから。

一億年先を行く先人

人類の歴史がせいぜい数百万年なのに対し、進化の過渡期も含めると、鳥の歴史は一億年をはるかに超える。鳥と恐竜のあいだには明確な境界がないので、恐竜時代も事実上鳥の時代と考えることができ、そうなると、二億三千万年前には地上に存在していて、二本足で闊歩していたとみることもできる。ここからも、人と鳥、どちらが「先人」だったのかは明白なこと。

音楽。ダンス。衣装デザイン。飛行するためのノウハウ——。鳥が教えてくれたこと、人類が鳥から積極的に学んだことは無数にある。

その優れた記憶力、飛翔能力から、伝書使——手紙や重要書類の運び手だったこともある。鳥が運んだ情報によって莫大な富を得た人物さえいたのだ。

鳥に対してだれがどんな目を向けようと、見つめるその目に事実とは異なる偏見が含まれていようとも、人間が歴史の階段を登っていく過程で、鳥を師匠として、鳥から多くを学んだことは否定のできない事実である。さらには、科学が進んだ今だからこそ、あらためて鳥から学びたいことも無数にある。

科学や医学は、鳥の身体構造や脳構造に熱い目を向けている。鳥がたどった進化の道から、言語獲得の道筋など、人間にとって重要な多くの示唆が得られると確信する研究者も少なくない。

鳥と人間が交わる関係、文化は、縦糸と横糸で丁寧に織り上げられたタペストリーのようなものだと感じている。広い織物の上には色鮮やかなたくさんの絵が浮かんでいる。そこに見られる絵、デザインこそが、鳥と人間の接点が生み出してきたものだ。

本書では、「古代の宗教、信仰と鳥」、「人間と鳥との関わり」、「鳥の利用」などを軸に、関係する文化誌から、その様相を立体的に解説してみたいと考えている。それをもとに、人と鳥との関係史、鳥とつながる文化を広く俯瞰《ふかん》できるようにしたい。

日本に絞って解説したほうが伝わりやすいところは日本を中心に解説させていただくが、音楽のことや神話のことなど、より広い目で眺めたい領域については、日本に留まらず、世界の事例を取り込むかたちで解説していく。

また、人間は、鳥から多くの恩恵を受けてきた一方で、「恩人」でもある鳥を、言葉にできないほどの「ひどい目」にもあわせてきた。羽毛や脂、肉を得るために大量に捕獲して殺した過去がある。結果的に、多くの鳥を絶滅させたり、絶滅寸前に追い込んだりもした。関係史の中の負の側面だが、人間と鳥との関係を立体的に知るためには、こうした事実にも目をつぶるわけにはいかない。

先に出版した『鳥を識《し》る』では、鳥の進化や身体構造から「鳥とはなにか」を掘り下げ、同時に、なぜ鳥と人間が似ているのかをテーマに文章を綴らせていただいた。『鳥を識る』を下地に本書を読んでいただけたなら、より深く鳥のことを識ることができると同時に、人間とその歴史についても理解が深められるのではないかと思っている。

2　鳥の利用、鳥との関わり

利用される鳥

原始の時代から今に至る過程で、私たちは鳥を貴重な食料としてきた。狩りは長く行われてきたが、やがて手許で飼育する家禽化も始まって、肉や卵の生産が行われるようになっていく。

飼育された鳥の筆頭はやはりニワトリだが、その後、アジアやヨーロッパ、中南米において、マガモやハイイロガン、シチメンチョウやホロホロチョウなども家禽化された。

野生種だったセキショクヤケイ（赤色野鶏）の飼育が始まったのは、日本がまだ縄文時代で、世界でいわゆる四大文明が起こる以前のこと。一万年前から八千年前のどこかで飼育が始まり、やがてニワトリになったと推測されている。

飼育は、セキショクヤケイの本来の生息地である東南アジアでまず行われたが、ほどなくインド、中国、メソポタミアにも広がり、それぞれの地で独自の改良が進んだことがわかっている。

また鳥は、鷹狩りや鵜飼などのかたちで狩りや漁にも利用された。鷹狩りについては、中央アジアの遊牧民がその拡散に大きく寄与したと考えられている。

美麗な鳥のさえずりを聞いたり、籠の中でのふるまいを見ることに「癒し」の効果があることに気づいた人々は、鳥をメンタルケアやリラクセーションにも活用するようになった。

室町時代から江戸時代の日本で、洗顔料としてウグイスなどの鳥のフンが利用された話はよく知られている。それは文化として、昭和のころまで残っていた。ウグイスのフンを使った洗顔、美顔術については、欧米のセレブを中心に、今も関心をもつ層がいるという。

鳥由来の地名、鳥由来の苗字

飛来したツルを見ることができる場所だから鶴見。ウの繁殖地だったから鵜住居《うのすまい》。サギがよく

カワウ

訪れる沼の近くに住んでいたから鷺沼という苗字になったなど、鳥に由来する地名や苗字も少なくない。そうした事実もまた、鳥との関係を示唆するものとなる。

鴇《とき》色や鶸《ひわ》色、鶯《うぐいす》色、鳶色《とびいろ》、烏羽《からすば》色など、鳥の羽毛色に由来する色も、少なからず生活の中に溶け込んでいる。

カナリア色（canary yellow）や、クジャクの羽毛の青や緑（peacock blue/peacock green）、フラミンゴ色（flamingo）など、日本以外でも同様の命名法を見る。

花の色や花を使った染色が由来となった色は世界各地の言語にあるが、そうしたものとともに、身近な鳥が由来となった色も広く世界に存在している。

鳥を飼う意味

鑑賞や愛玩を目的とした鳥の飼育がいつ始まったのかは、よくわかっていない。古代においては、文字による記録は存在せず、人間との関わりの証拠となる骨も、小鳥類ではすぐに分解されて、ほとんど残らないからだ。

わかっている鳥の飼育でもっとも古いのはやはりニワトリだが、飼育が始まった当時も、それからしばらくたったあとも、ニワトリを身近に置いたのは、肉を食べたり卵を採ったりすることが主目的ではなく、神の意思を確かめるための「神事」が目的だったと考えられている。

鹿の肩甲骨や亀の甲羅を焼き、そのひび割れを見て未来予測をしたのと同様に、ニワトリの骨も卜占《ぼくせん》に利用されていたらしい。また、ふたつの相反する結果をニワトリに託し、両者を戦わせて（闘鶏を行って）、その勝者から村や属する集団の未来を占う（勝った方のニワトリに託した未来となる）といったことも行われていた。

古代の日本でも闘鶏による神事が行われたが、世にニワトリが誕生したごく初期から、ユーラシアの各地でこうした神事が行われていたことから、その文化も合わせたかたちで日本列島にニワトリが持ち込まれた可能性が高いと考えられている。

やがて、古代の村は戦争の果て、あるいは平和裡に統合されて国となり、そこに権力をもった支配者（＝王）が誕生する。初期の国では王のほかに、巫女・シャーマンも独特な地位をもち、そうした宗教的な指導者は占いによって吉凶を知る努力をした。もちろん、王が宗教的指導者を兼ねていたケースもある。

その後、シャーマンの力が衰え、王が完全支配する時代になっても、ニワトリなどを使った占いは、少なからぬ国で続いたと考えられている。

さらに時代が進み、支配者がもつ権力が大きくなってくると、鳥を飼うことの意味合いが変化する。鳥を飼うことは権威の象徴となり、支配者の力の強さを示すものとなった。大きな権力をもつ者でなければ手に入らない珍しい鳥や大きな鳥を飼って下々の者や異国の者に見せつけることは、支配者の満足感にもつながっていったようだ。

3　鳥と神との接点

原始的な宗教のもとでの鳥

文明化する以前の人々は、自然の中に神を見ていた。風や稲妻など、自然のあらゆる現象に霊的なものを感じて、祀り、崇めた。こうした原始的な自然観、宗教観はアニミズム（精霊信仰）と呼ばれる。

野の動物の内にも神の存在を感じ取ったが、多くの土地において、自由に空を飛翔する鳥は、数多の動物の中でもより神に近い特別な存在と認識されたようだ。

秋になるとやってきて、翌年の春に姿が見えなくなるカモなどの渡り鳥は、どこから来てどこに去るのかわからなかったことから、彼岸と此岸を行き来している存在と想像されて、この世とあの世を往復する「霊力」をもった存在と考えられることも多かった。そこから、死者の魂は鳥となって空を飛び抜け、彼方にある死者の国へと至る、という思想も生まれた。

特に、大型で全身が真っ白のハクチョウには、ほかの鳥以上の神聖さを感じることも多かったようだ。大和への帰路で力尽きたヤマトタケルの魂が親族によってつくられた墓所からハクチョウとなって飛び去ったという日本神話のエピソードなどが、そうした思想を如実に物語っている。古代エジプトでも、死者とともに埋葬された葬祭文書である「死者の書」や神を描いた壁画の中、死者の魂は鳥や翼ある小人として描かれた。

なお、古代の人々にとっては、渡りをする鳥と並び、小動物を襲ってその命を奪う猛禽類もまた、特別な存在であったことがわかっている。ワシ、タカ、ハヤブサ、ミミズクなどの、タカ類やハヤブサ類、フクロウ類が特別視されたことを、各地の神話や伝承から知ることができる。

猛禽類が特別視された証拠は、人間が暮らした遺跡からも見つかっている。日本の三反田蜆塚《しいづか》貝塚（茨城県ひたちなか市／縄文時代後期）からは、埋葬されたことが確実なオジロワシの全身骨格が出土した。この遺跡からは、鳥形の土製品も発掘されているが、嘴《くちばし》の形状

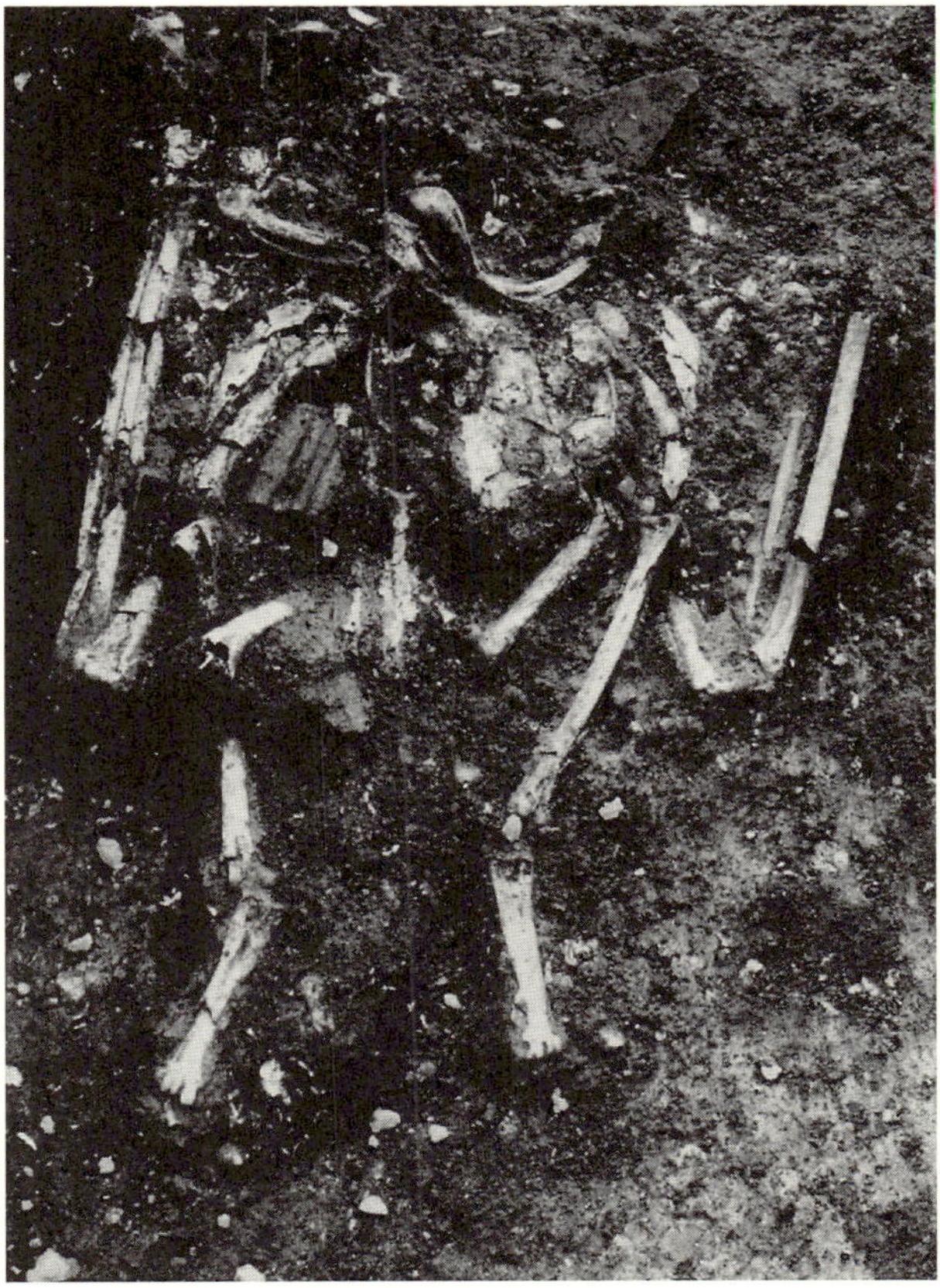

「三反田蜆塚貝塚　オジロワシ出土状況」（ひたちなか市教育委員会蔵）

などから猛禽類がモデルであることは明らかで、埋葬された鳥の骨の例からも、古来よりこの土地に飛来していたであろうオジロワシを模して作られた可能性が指摘されている。

オジロワシは冬場にのみ見られる渡り鳥でもあったことから、二重に神聖さを感じ、より高い階梯《かいてい》にある存在と見なされたのかもしれない。この貝塚を利用した人々が、オジロワシを信仰の対象とし、村の守り神として祀っていた可能性もある。

「鳥装」という慣習

支配者の力が強まりつつあった日本の弥生時代においても、鳥は神に近い存在として崇拝の対象になっていた。一部の村では、宗教的な指導者が自身の神への近さを周囲に示すために、鳥をまねた衣装を身につける「鳥装《ちょうそう》」をしていた事実がある。

鳥に似た装いは一般人には許されず、巫女の証として、その権威を示すものだったが、そうした衣装を身につけることで特別な精神状態（トランス状態）になり、神に近づき、その言葉（神託）を得やすくなったのではないかという説もある。

古代エジプトでは、その主たる神であるホルスやトトやイシスは、それぞれの頭部がハヤブサ、トキ、トビとして描かれていたり、古い時代は完全に鳥として描かれたりもした。そうした事例も、鳥に神性を認めていたことによるものと考えられている。

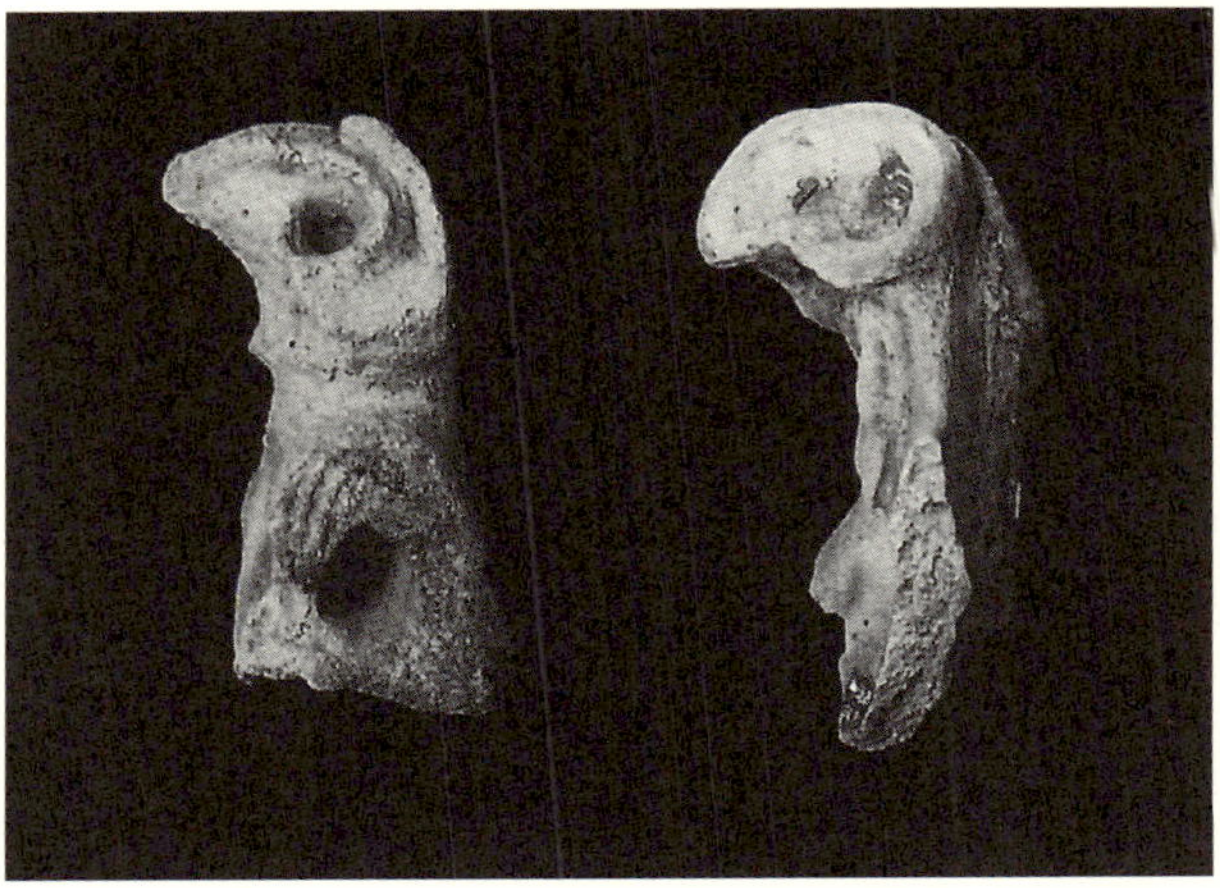

「三反田蜆塚貝塚　鳥型土製品と鳥型把手」（ひたちなか市教育委員会蔵）

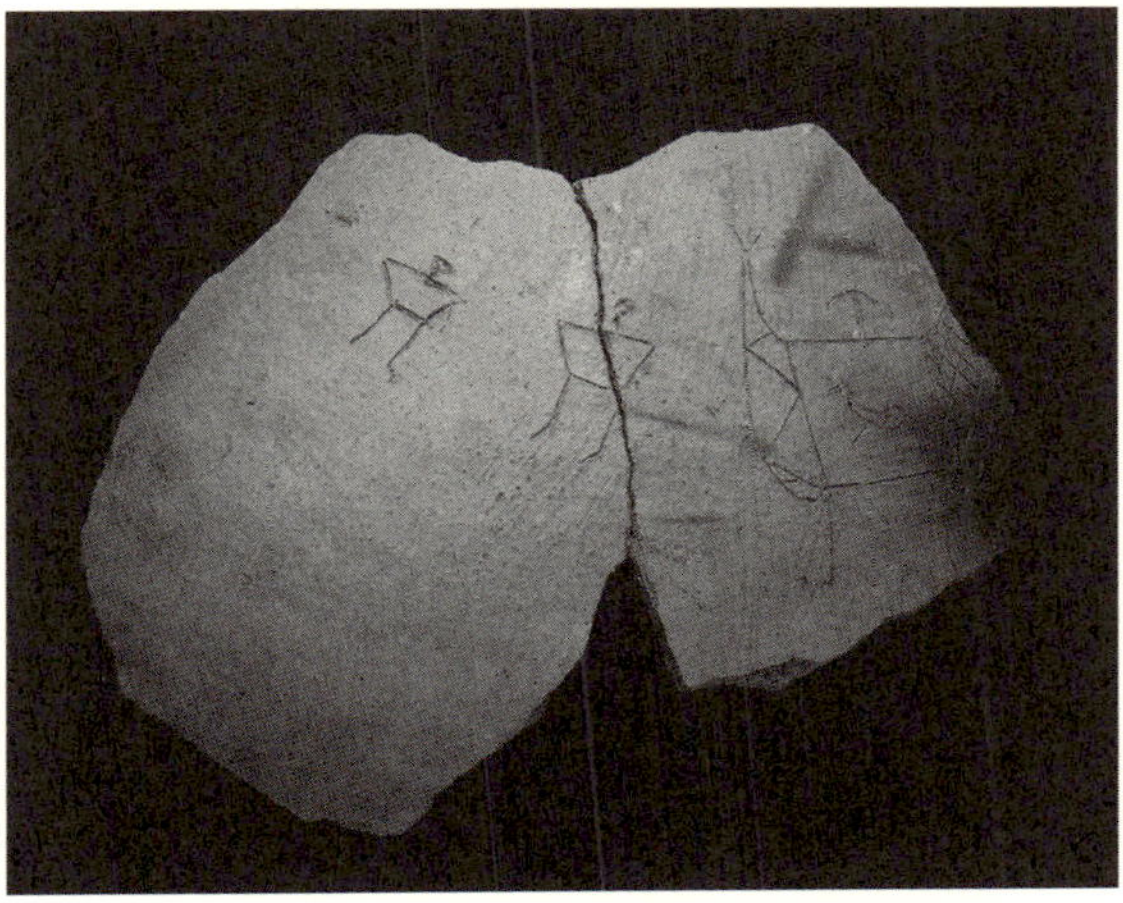

「清水風遺跡　絵画土器（鳥装の人物）」（弥生時代）
（奈良県立橿原考古学研究所提供）

弥生時代の巫女が鳥装をした背景には、その心の内に古代エジプトの神のような鳥に似た姿の神がイメージとして存在していて、その姿に近づきたいと願ったということもあるのかもしれない。

第一章　神話に登場する鳥たち

1　人と神と鳥の関係の始まり

神話時代の鳥の位置づけ

自然と人間の距離が今よりもずっと近かった古代。人々は、地震や津波、雷、大風などの自然現象にも、太陽や月などの天体の内にも、神や、神に類する霊的な存在をはっきりと感じ、その現象や運行に「神の意思」を見ていた。

そんな時代に語られた、神々や英雄の物語を、我々は「神話」と呼ぶ。

多くが世界の創造――「創世」から始まる神話の中で、神々は人間と同じような生活を営みながら、ときに争い、ときに冒険をした。強い力をもった怪物や、物語の中心に座す神々とは異なる神族が登場し、神々や人間を脅かすこともあった。

神の世が崩壊し、神々が地上から消え去ったのちに、神によって生み出された人間の時代が始まったとするのが、多くの神話に見られる物語の流れだ。このような世界の神話群にあって、神々は滅びず、世界が再生されることもなく、神が自然に人間へと変化《へんげ》して今も地上に生き続けていると綴るのは、日本における神々の物語である。

そんな各地の神話には、さまざまなかたちで鳥が登場する。

ふだんは人間の姿をとって暮らす神々の変化した姿としての鳥。助言者、協力者、高位の神から地上に生きる神や人間を導くように命じられた存在としての鳥。怪物としての鳥。多彩な姿が、そこには見える。

常に特定の神のそばにいる鳥や、その神の象徴とされた鳥は、聖なる鳥、「聖鳥」と呼ばれた。そうした鳥は、日常の中にいる「あたりまえの存在」であると同時に、その神と強く結びついた「特別な存在」でもあり、帯びた神性から、一部は崇拝の対象にもなった。

ローマ神話の女神ジュノーの聖鳥はガン、そしてクジャク。ギリシア神話の主神ゼウスの聖鳥はおもにイヌワシで、女神アテナの聖鳥は知恵の象徴とされたフクロウだった。

紀元前五〇〇年ごろのギリシアでは、アテナとコキンメフクロウがそれぞれ片面を飾った硬貨もつくられた（左図参照）。それはアテナへの愛と信仰の、ひとつの結実といえた。

インドでは、ヒンズー教の創造神であるブラフマーの聖鳥がハクチョウであったり、メソポタミアでは、シュメール神話の「戦《いくさ》と豊穣の女神」でもあったイシュタルの聖鳥がクジャクバトであったりした。

さらに神話の中には、鵬《ほう》と呼ばれた、世界の半分を覆うほどの翼をもった巨鳥や、定期的に死と再生を繰り返すことによって永遠の命を維持する鳥（不死鳥）さえも存在した。

神話に登場する鳥は、その時代にその土地に暮らし、神話を語り継いだ人々の認識の広がりの内にいた存在である。それゆえに、人々と接点のない鳥は神話には登場しない。その地域でよく目にする鳥は、高い確率で神話を織りなす一員となっていった。

唯一の例外は、当時の人々が精いっぱいの想像でつくりあげた恐ろしい怪物としての鳥だが、そのフォルムにさえ、機知の鳥の姿が少なからず反映されていた事実もある。

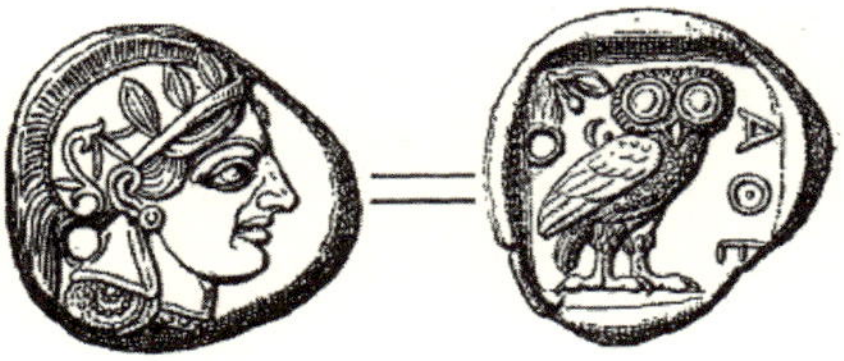

紀元前500年頃のギリシアの硬貨

2　原始、鳥は神だった

創世への関わり

ただ、そこに存在するだけで形も定まっていなかった世界の中、神々が暮らす場所――のちの日本となる「国土」を生み出すようにと高位の

セグロセキレイ

神から命じられたのは、イザナギとイザナミという二柱の神だった。これが日本神話の冒頭のエピソードである。

だが、彼らは国を産み出すやりかたがわからず、困り果てていた。

そこに一羽のセキレイが現れる。セキレイこそが日本神話で最初に登場する生き物である。

セキレイが尾を上下に動かす姿が示唆となって、イザナギとイザナミは生殖の方法を知る。そして、無事に国土を産み出すことができた。鳥によって、啓示がもたらされたのだ。

セキレイがいなければ日本という国も、そこで暮らすすべての生きものも誕生しなかった。それゆえに、セキレイこそが日本神話の最初の要だったということもできる。

なお、神話が語られた時代、その舞台であった日本列島の中部から西部に暮らした人々にとって、

ワライカワセミ

もっとも身近にいたセキレイ類はセグロセキレイだったことから、このエピソードの鳥はセグロセキレイだったと推察されている。

そんな日本の東北地方から北海道、サハリン（樺太）に暮らしていたアイヌの人々の創世神話においては、村ごとにさまざまな物語が存在するが、その中には日本の神話と同様、セキレイの尾の動きから男女の交わりのヒントを得て、そのおかげで大地に人間が増えたというものがあった。

また、創造主が大地を生み出す際に、助手的な立場でセキレイがそれに関わったという逸話もあった。

世界の創造にあたり、天に住まう神々の主・天帝は、セキレイを地上に降ろした。セキレイは、天帝の手によって盛り上げられた土（大地）の上を、翼をバタバタとさせながら跳ね歩き、尾を上下に振った。そうすることで、でこぼこだった土地を平らに均《なら》したのである。その指示が生きているために、セキレイは今も地上では尾を上下に振って歩くのだと、アイヌの神話は語る。

アメリカ先住民が伝える神話には、カモが海に潜り、嘴ですくい上げた泥から人間が暮らす世界がつくられたという、鳥がより直接的に創世に関わった話も残されている。

オーストラリア先住民アボリジニの創世神話には、人間の笑い声のような声で鳴くことからその名がついたワライカワセミが深く関わっていた。

創世まもない世界に毎朝、陽を昇らせる重要な役目を任されたのは精霊たちだった。精霊がうっかり寝過ごすと、世界に昼が訪れなくなってしまう。そのため、しっかり目覚めさせる「目ざまし役」（＝モーニングコール役）として、だれより早起きだったワライカワセミがその任についたのだという。

他の土地ではニワトリが担うことの多い役目をワライカワセミが託されたことを、とても興味深く感じる。

エジプトの場合

今から三千六百年〜三千九百年ほど前に生きた古代エジプトの人々は、「ベンヌ」という、霊鳥にして神でもある存在を崇めた。ベンヌは、一年を通してナイルの河畔に生息しているアオサギがモデルとされ、その姿でのみ描かれて、人間の形状はとらない。

ある言い伝えによれば、天地と神々を創造したとされるアトゥム神（のちに太陽神ラーと習合して、「ラー・アトゥム」と呼ばれるようにもなる）は、「混沌の海（原初の海）」＝「ヌン」から、みずからの力、みずからの意思によって、ベンヌとして生まれたとされる。

一方で、ベンヌが混沌の海から太陽の卵をすくいあげ、それを抱いて孵《かえ》したことで太陽および太陽神が生まれたという物語も、言い伝えの中には存在していた。いずれにしてもベンヌが、古代エジプトの神話における「はじまりの存在」だったことはまちがいない。

ベンヌは毎日、夜明けとともに生まれ、日暮れに死んでいく。ただし、その死は永遠ではなく、翌朝また甦ってくる。つまり、生と死を内にもち、それを支配する者という認識がもたれたため、生と死を司る神であるオシリスとの関係も深いと考えら

アオサギ

れた。

こうした生い立ちから、ベンヌは、アトゥムやラー、オシリスといった、古代エジプト神話の中心にいた神の核、すなわち、その「魂」であるとも考えられた。

五百年ごとに燃え尽きて死んでは、その灰の中から再生を繰り返すと想像された幻鳥のフェニックス。エジプトやギリシアにおいて聖なる鳥とされたこの不死鳥のモデルも、ベンヌだったと考えられている。

3　太陽と鳥

太陽もまた神、そして翼をもつ

エジプトにおいては、壁画やパピルスなどに神の姿が描かれる際、アトゥム神が人間の姿で描かれたのに対し、太陽神のラーは人間の体にハヤブサの頭部をもつ神として描かれた。また、その頭上には、しばしば、太陽の象徴である赤い日輪も描かれていた。

天空と太陽の神であり、ハヤブサの神でもあるホルス神もまた、ハヤブサの頭部をもつ神であり、頭上に赤く丸い太陽が描かれた絵も多数、残っている。

太陽神が鳥の頭部をもつ神として描かれたのは、高位の神と鳥が結びつけられて認識されたと同時に、翼をもった鳥と空にある太陽が切っても切れない関係にあると、人々が考えていたためだったようだ。

なお、ホルスの母親で、生と死と豊穣を司る女神のイシスもまた、トビの姿や、背中にトビの翼をもった姿で描かれることがあったことを加えて記しておきたい。

古代の壁画に描かれた、ホルスとラーが習合したラー・ホルアクティ。頭上に太陽円盤を頂き、さらにその上部には、翼の生えた太陽「有翼日輪」も描かれている。（ルーブル美術館蔵）

空を飛ぶには、やはり翼が不可欠――。

人々がもつそんな意識が、天空を移動する太陽の絵にも翼をつけ加えた。

ふだんは見えないが、実は太陽にも翼があると信じた古代の民族は多かった。古代のエジプトを筆頭に、メソポタミアやその周辺の国家にそうした信仰の痕跡を見る。

それがはっきりとわかるのが古代エジプトの壁画やパピルスの「有翼日輪《ゆうよくにちりん》」の絵だ。文字どおり、太陽が丸い姿ではなく、その左右に一対の翼が付属した形で描かれる。

太陽は明るすぎるので、ふだんはその姿を直視することができない。だが、それが可能になる日蝕のとき、月の陰に隠れた太陽には翼のように、長く二方向に伸びた光の帯が見えることがあった。

太陽黒点が少なくなる時期（極小期）にのみ見ることができる、太陽の赤道方向の左右に長く伸びたコロナ（赤道型コロナ）は、見方によっては確かに広げた翼のようにも見える。それが、古代エジプトなどで「有翼日輪」として描かれた「翼の生えた太陽」の原型だったのではないかという指摘もある。

太陽の磁場が専門の斎藤尚生も、『有翼日輪の謎――太陽磁気圏と古代日蝕』において、この説を提唱した。

ふだんは見えていないだけで、実は太陽にも翼があるのだと、神に仕える神官が人々に示すには、こうした条件のもとでの日蝕こそが絶好の機会だったのかもしれない。

いずれにしても、特殊な日蝕時にのみ見ることのできる特別な姿が、地上に生きるあらゆる生き物にとって必要不可欠な太陽に、神性と神秘性を与えるのに都合のよいものだったことは容易に想像がつく。

太陽の中に棲む聖鳥と太陽神

中国の神話においては、太陽の核、あるいは魂ともいうべき存在がカラスであり、そのカラスは三本の足をもつとされた。太陽の精気が集まってカラスの姿になったとも考えられ、そのカラスが太陽の中に棲んでいると信じられていた。

「偶数を陰、奇数を陽」とする陰陽の思想において、陽である「太陽」の中の存在が偶数であってはならない。それゆえ、カラスの足は二本ではなく三本となったと説明される（三足烏《さんそくう》）。

中国神話には、ある日、天空に十個の太陽が現れ、地上はその熱により焦土と化す寸前までいったが、弓の名人である羿《げい》が九つの太陽を射落としてひとつに戻したことで世界は救われたという逸話がある。これは、一般に「射日神話《しゃじつしんわ》」と呼ばれるもの。羿が射たのは太陽の中にいたカラスで、九羽のカラスを射殺すことで彼は世界を救ったのだという。

日本の熊野本宮大社の八咫烏《やたがらす》が三本足の姿で描かれていたり、日本サッカー協会のシンボルである八咫烏が三本足なのは、こうした中国の神話が伝わり、拡がったためである。なお、日本神話の八咫烏には、本来、三本足という設定はない。

古代エジプト神話のラーやホルス、ギリシア神話のアポロンやヘリオス（ローマ神話では、それぞれアポロ、ソルに相当）、北欧神話のソール（インド神話の太陽神スーリヤも同じ語源）、日本神話の天照大神《あまてらすおおみかみ》、アイヌ神話のトカプチュプカムイなど、多くの神話に太陽神が存在した。それはとりもなおさず、昼を生む太陽を「神」と崇めた民族が多かったことを意味している。

繰り返しになるが、エジプトの太陽神の多くが鳥の頭部をもつ存在だったことに加え、壁画などには翼のある太陽「有翼日輪」の絵も残る。ギリシア神話のアポロンには、ワタリガラスに変身して危険な相手から逃れたというエピソードもある。太陽＝カラスとされた中国神話の例もある。

このように、いくつもの神話が、太陽あるいは太陽神と、鳥（翼）が少なからぬ接点をもっていたことを伝えている。

4　導く鳥、使役される鳥

神の遣いとしての鳥

地上にある神や人間を助け、導く鳥もいた。多くの場合、それはその鳥の意思ではなく、より高位の神からの指示によるものだった。その例としてよく名が挙がるのが、日本神話の「八咫烏」だ。

日本神話の後半、神武天皇が九州の高千穂から近畿の大和を目指して東征する旅において、上

トビ

陸した紀伊半島南部の熊野から大和に向かう途中、その土地に暮らす荒ぶる神への対策と道案内役として、高天原が神武天皇のもとに遣わしたのが、巨大なカラス、八咫烏だった。

なお、『古事記』にはその記述が見られないが、金色のトビもまた、神武天皇の手助けのために高天原から派遣されたことが『日本書紀』には記されている。

アイヌの神話において、人々を導く存在として大きな役割を担うのは、シマフクロウである。アイヌ神話では、天上の神によってつくられた鳥は、神の遣いであると同時に、神格をもつ存在でもあった。シマフクロウは、天上の主神が最初につくった鳥であったことから、鳥の神の筆頭とされた。アイヌの人々を守り導くために地上に派遣されたのも、シマフクロウの存在の重さゆえである。

「モシリ・シカマ・カムイ」（国を守る神）とも

呼ばれたシマフクロウは、アイヌの人々が暮らす土地を守り、特に暗い夜間に周囲に目を光らせるために天上から派遣された神であると、アイヌ民族に伝わる叙事詩『カムイ・ユーカラ』は語る。

世界を見て、報告する鳥

神話とともに欧米を中心に広く読まれ、信仰の対象となってきた『聖書』。旧約聖書、新約聖書ともに鳥が登場する。

そんな聖書の中で特に強く印象に残るのは、人間や動物たちが巨大な箱船に乗り込むことで、地上を覆う大洪水という災厄から逃れられた「ノアの箱船」のエピソードだろうか。

洪水がおさまりかけたとき、あたりの様子を確認するためにノアがまず空に放したのはワタリガラスだった。だが、もとより自由な気質の存在であり、長時間飛び続ける力もあったワタリガラスは、最終的に、待てども待てども、ノアのもとに戻っては来なかった。

次いで、ノアはハトを放つ。ハトがオリーブの小枝をくわえて戻ってきたことで、ノアは大洪水の水が引き始めたことを知った。分布圏や当時の人間との関係から、このハトはカワラバトだった可能性が高いと考えられている。

カラスに関する記述は、聖書の中にほかにも複数見つけられるが、記されているのはすべて

「raven」、ワタリガラスである。実は各地の神話や神話の時代の物語に登場するカラスの多くがワタリガラスだった、という事実がある。

神に仕える鳥として広く知られているのは、北欧神話で主神オーディンのもとにいる、フギンとムニンという二羽のカラスだろう。彼らはオーディンの命を受けて世界中を飛び回り、戻るとオーディンの両肩に止まって、見てきたことを報告した。彼らのおかげでオーディンは、ヴァルハラ宮殿に居ながら世界のすべてを知ることができた。この二羽のカラスもワタリガラスである。

ギリシア神話の太陽神アポロンもカラスを使役した。そのカラスもワタリガラスだったが、かつてはハクチョウも羨むほどの純白の羽毛をもっていたという。

優れた偵察能力に加えて人の言葉も自在に操ることができたそのカラスは、ある日、アポロンの子を身ごもった彼の思い人のコロニスが、ほかの男とも密かに会っていることをアポロンに告げ口する。アポロンは烈火のごとく怒り、激情のままにコロニスを射殺した。

事件後、すぐに襲われた大きな後悔と行き場のない怒りから、アポロンはカラスの羽毛を黒く変え、以後カラスは永遠にコロニスの喪に服するために黒い鳥になったのだという。

聖書、北欧神話、ギリシア神話のカラスだけでなく、日本神話の八咫烏も、ふつうのカラスよりもはるかに大きな体をもっていたと記紀（『古事記』と『日本書紀』を併せた略称）には記されていることから、この鳥の原型もワタリガラスだった可能性がある。

なお、ヨーロッパでは、紀元前からワタリガラスについて、未来のことを予言する鳥という共通認識もあった。ただし、彼らは良い未来だけを告げるわけではなく、この先にある破滅的な悪い未来をも予言する。個人にとって都合の悪いことも口にした。

「告げ口屋」というイメージがもたれたのも、そのためである。

このようにワタリガラスには清濁両方のイメージが存在したが、それでも無視できない特別な鳥だった。特殊な役割をもって多くの神話に登場するのも、ほかのカラスとは異なる存在という認識が各地の人々の意識にあったためだろう。

移動手段としての鳥

多くの神話において、神々の座は天空にあるとされた。だが神といえど、人間と同様、地球の重力に縛りつけられた存在であり、自身の力で空を自在に飛べるわけではない。

翼をもたない神々は、地上では歩くか、馬に乗るか、馬車や古代の戦車に乗るかしなくてはならなかった。空を飛ぶ場合も、空を飛べるなんらかの手段を利用する必要があった。もしくは、自分に代わって空を飛び、状況を確認したり行動を起こす存在を必要とした。

オーディンが使役したフギンとムニンの例を見てもわかるように、後者の中心はもちろん鳥である。日本神話においても、天空の高天原から派遣されるのは、八咫烏にしても、監視者にしても伝言を伝える者である「鳴女《なきめ》」という名のキジにしても、鳥でなくてはならなかった。

そして、各国の神話において、天空を移動するために神々が利用したのも、巨鳥や天馬ペガサスなど、翼あるものたちだった。

ペルセウスは、ヘルメスから与えられた翼のついたサンダルを使って空を飛んでいるが、それはきわめて特殊な例となる。もっとも、そのサンダルにしても、鳥の「翼」がついていることで飛翔が可能となった、という点を突き詰めて考えたなら、それもまた鳥からの力の拝借であり、間接的な鳥の関与と考えることもできる。

ペルセウスが岩に縛られたアンドロメダ姫を見つけたのも、このサンダルで空を飛んでいたときのことだった。サンダルについた鳥の翼がなければ、ペルセウスの物語においてとても重要なこの場面も存在しえなかったのである（たおしたメデューサの血から生まれた天馬ペガサスに乗って飛行していたと記す物語もある）。

インド（ヒンズー教）の神話において、神ビシュヌは、聖なる乗り物としてガルーダという名の巨鳥を使役し、その背に乗って世界を移動した。日本神話で神々は、「天鳥舟《あめのとりふね》」という名の、神にして移動手段でもある存在に搭乗させてもらうことで、天と地のあいだを行き来した。

記紀には天鳥舟の形状に関する記載はなく、どんな姿をしていたのか不明だが、「鳥舟」という名称からも察せられるように、いずれにしても飛行には「鳥」または「鳥の翼」、もしくはそれに相当するなにかが活用されたものと考えることができる。

一方、鳥やそのほかの飛行手段を利用するのではなく、自分自身が鳥になってしまえばいいという考え方もあった。

一時的に「鳥になる」こと。それが、空を移動するための、もうひとつの手段だった。鳥になれば、長距離移動も可能になる。自分の意思で、行き先を決めることもできる。走るよりずっと速く移動できることも、鳥になることの大きな利点だった。気が変わればちがう場所にも行けるといった、臨機応変な行動が可能なこともメリットとされた。

ギリシア神話では、必要時、多くの神が鳥の姿を取った。変身の多くは自身の欲望を満たすためだが、敵や追手から逃れるために鳥に変身する例も少なからず存在した。

5 鳥への変身譚

死後に鳥へと変わる話

神が鳥となる変身譚《へんしんたん》は、死後に鳥へと変化するものと、生きながら、みずからの意思によって鳥に変わるものに大別することができる。

古くから各地に伝わるのが、死後にその魂が鳥へと変わる逸話である。

日本神話には、大和への帰路の途上で力尽きたヤマトタケルの魂が、御陵《ごりょう》（墓所）からハクチ

オオハクチョウ

フネフェルのパピルス（大英博物館蔵）

アニのパピルス（大英博物館蔵）

ヨーロッパでよく見るコブハクチョウ

ョウとなって飛び立ったというエピソードがある。ハクチョウに変化したヤマトタケルの魂は、だれにも追えない空の彼方へと飛び去っていった。そこには、季節が変わると飛び去っていく水鳥を霊的存在と認識する、弥生時代から続く原始的な宗教の影響も見える。

古代エジプトにおいて死者の魂は、鳥や、人間の頭部をもつ鳥「バー」の姿で描かれた。その姿は、死者とともに埋葬された葬祭文書「死者の書」などに見える。「死者の書」としてよく知られている「フネフェルのパピルス」やテーベで発見された「アニのパピルス」にも、そうした翼ある存在や鳥の頭部をもった神の姿が描かれていた。

死した後、その魂が鳥へと化身する話が多くの土地で見られるのは、アニミズムが支配的だった文明化以前の原始社会において、飛ぶ鳥を死者の魂の運び手や、魂そのものとみなす思想が世の東西に広く存在していたことが大きいと考えられている。

なお、変身・変化においては、体の一部が鳥になるケースもある。その多くは背に翼をもったり、頭部が鳥の形状になる。例としては、ハヤブサの頭部をもつエジプト神話のホルス、トビの翼をもった姿で描かれるイシス、アフリカクロトキの頭部をもった知恵の神トートなどが挙げられる。

このほか、一部の神話においては、神の力によって、人間やほかの神が鳥の姿に変化させられた話も存在した。

みずから鳥となる

神がみずから鳥に変身したエピソードが多いのは、なんといってもギリシア神話だ。

主神であるゼウスは、思いを募らせたスパルタ王妃レダのもとをハクチョウになって訪れ、その姿のまま交わって懐妊させる。

鳥として交わったがゆえに、身ごもったレダが産むのは赤ん坊ではなく卵。レダが産んだ卵のひとつから生まれたのが、トロイア戦争の発端となった美女ヘレネとされる。だが、卵の形で出産されるものの、卵から孵るのは鳥の雛でなく、人間の赤ん坊だった。

こうした誕生のエピソードは、のちの文学にも影響を与えたようで、「ターザン」で有名な作家エドガー・ライス・バロウズが書いたSF「火星シリーズ」の中には、火星人は卵から生まれる、という設定があった。日本では、児童文学作家の谷真介が、『たまごからうまれた女の子』という作品を書いている。

ゼウスに関しては、人間に火を与えた罪によって岩に縛りつけられているプロメテウスの肝臓を日々喰い続ける大鷲（イメージはイヌワシ）もまた、ゼウスが化身した姿であるという解釈がある。

また、ゼウスには、アポロンとアルテミスの母であるレトを懐妊させた際、ウズラ（ヨーロッパウズラ）の姿で近づいたという話もあった。さらには、レトの妹であるアステリアが、姉と同じように自身を誘惑しようとしたゼウスから逃れるためにウズラに変身して危機を回避したというエピソードもある。

強大な敵から逃れるため、「鳥に変化して飛んで逃げる」というタイプの変身譚も存在した。例えば、ゼウスとレトの子である太陽神アポロンは、超常の力をもつ怪物テュポーンに襲われた際、ワタリガラスに身を変えて飛び去ることで難を逃れている。

鳥から人間へ？

変身譚からは少し離れるが、人間の祖先が鳥であったという神話をもつ民族もいる。アメリカ

タンチョウ

先住民のワイヨット族には、遠い祖先はコンドルだったという言い伝えが残っている。

魔法や呪いによって人間が鳥に変化させられた話は欧州に多い。もともとが人間なので、呪いや魔法がとけると人間に戻る。人間を鳥に変身させるのはおもに、魔法使いなどに代表される悪意をもった第三者だ。逆に、もともと鳥だった存在が人間になって人間と暮らすような話は、ヨーロッパではほとんど見かけることがない。

ヨーロッパにおいては、人間と動物は対等ではなく、鳥になることを含めて動物になるということは、人間から「堕ちる」ことを意味していたと中村禎里は指摘する。そのため人間が動物になるのは、何らかの罰を含む神の意志的なものか、何者かの悪意によることが多いと、『日本人の動物観――変身譚の歴史』において分析した。

それに対し日本では、「鶴の恩返し（鶴女房）」

や、キツネだったとされる安倍晴明の母親（葛葉狐《くずのはぎつね》）の話などがよく知られているように、動物が人間になる話がとても多い。

動物ははじめから人間とおなじような心をもち、あるいは隠し持ち、みずからの意思によって人間へと変わる。この点がヨーロッパとは大きく異なる点だ。ただし、変身する動物のほとんどがキツネかタヌキかヘビで、鳥が人間になって恩を返したり、恩人と結婚したりするような話は、実はそれほどは多くはない。

中村禎里は比較分析のため、『日本昔話記録』（柳田国男ほか編）をもとに、日本における動物への変身譚も分析しているが、それによると人から動物への変身譚は四十二件あり、そのうちの半数にあたる二十一件が鳥への変身だったという。

長く仏教の教えの中にいた日本人の心には輪廻転生という思想も刷り込まれていて、人間が人間に生まれ変わるとはかぎらないという意識もあった。欧米人とちがって日本人には動物を下等と見下すような動物観がなかったことも、動物への変身譚の背景にはあると中村はいう。

そうした動物観に立って考えると、鳥への変身譚がこれだけ多いということは、日本人にとっては、ほかの動物と比べて、鳥になることへの抵抗感が小さかったということなのかもしれない。

第二章　鳥の認知はどう拡充したか

1　神話や遺跡から見える初期の認知

神話や壁画は古を知る鍵

エジプトやインド、北欧、日本など、その土地に暮らした人々によって、古《いにしえ》から語り継がれた物語である神話には、古代の習俗とともに、その土地にどんな鳥獣がいて、彼らに対して人々がどんな目を向けていたのかという情報もまた織り込まれている。

そのため、事実と認められる部分をそこから上手く抽出することができれば、神話はその民族や周辺の土地に暮らした人々の、過去の意識を含めた「実情」を教えてくれるよい資料となる。

加えて、壁画やミイラや埋葬骨などの遺跡や遺物は、より直接的に過去の事実を語ってくれる貴重な存在でもある。

神話に登場する鳥は、基本的に、その物語を紡いだ人々が生活の中でよく目にしていた、接点のあった存在である。また、その鳥が、どのようなかたちで神話に登場したのかを知ることで、神話を語り継いだ人々との関係も見えてくる。

ナイル川沿いのアオサギも、オーストラリアのワライカワセミも、世界の各地に分布するカラス類も、ワシやタカなどの猛禽類も、サギやトキなどの水辺の鳥も、ハクチョウなどの渡ってくるカモ類も、コウノトリも、尾を振りながら歩くセキレイも、文明化以前からその土地で暮らしてきた人々にとって、「あたりまえの存在」であったと同時に、ときに畏怖や崇拝の対象にもなっていたことが、神話の物語や過去の遺物から伝わってくる。

古代エジプトにおいてトキやハヤブサが、愛玩された動物などとともにミイラ化されて埋葬された例は、これらの鳥が、王や王家、墓を造営した人々にとって、特別な存在だったことを示唆する。日本やほかの国において、人骨とともに埋葬された鳥の骨や、特別な場所に手厚く埋葬された鳥の骨、土器などの鳥形の製品も、正しく理解する努力をすることで、過ぎ去った時代を雄弁に語る存在になる。

神話に登場する鳥に、こうした遺跡や遺物に見られる鳥を合わせたものが、文明化以前から文明のごく初期において、最初に人々に認知された鳥と考えることができる。

そしてそれを知ることで、文化の黎明期に生きた人々が世界をどのように認知していたのかを推測することもできるように思う。

2　時代とともに認知される鳥が増えていく

外国との接触で拡張する認知

人々が集まって生まれた村（ムラ）が町になり、さらに大きくなって国になると、そこに暮らす者たちは、自分たちの勢力圏の外側、すなわち「外国」を意識するようになる。

その過程で少しずつ、人々は、身近でない場所には身近ではない生き物が存在していることや、世界には見たこともない珍しい鳥がたくさんいるという事実を、はっきりと理解するようになる。

そうした理解の手助けをしたのは、旅人や、遠方から来た商人たちだった。

また、いつの時代も権力者は、収集欲を満たすため、権威・権力を誇示して満足感を得るために、珍しい動物を欲した。鳥は哺乳類に比べて色鮮やかで、多くが小柄である。声が美しいものも多く、匂いも少ない。特に大きな鳥は、権力者がもつ「力」を誇示する恰好の材料となった。

そうしたことから、王や貴族階級に属する人々が、「どこどこの国にいる、あの鳥を手に入れろ！」という命令を出すこともあった。

例えば古代ローマの貴族が、アジア系のホンセイインコやアフリカ赤道部の西部に分布するヨウムを愛玩していたという事実は、そうした例があった事実を雄弁に物語る。

インドクジャク

なお、ローマ人がインコという鳥を認識し、飼育するようになったのは、オリエントに巨大な帝国を築き、ヘレニズム文化を開花させたマケドニアのアレクサンドロス三世（アレキサンダー大王）の配下の手によって、インドからギリシア・ローマ世界にホンセイインコの亜種（おそらくはワカケホンセイインコ）が持ち込まれたことが、大きく影響したと考えられている。

平和裡な交易、武力による侵攻・併合。千数百年という時間の中で断続的に起こった東西文明の接触や衝突が契機となって、認知される鳥が増えていった。

認知はときに急激にも進んだが、十五世紀に始まる大航海時代以降と比べると、それ以前の時代の認知の変化は、それでもまだゆるやかなものだったようだ。

認知が爆発的に拡大した大航海時代

ヨーロッパにおける大航海時代の到来は、鳥を含む動植物の認知を爆発的に広げた。神話が語られた文明初期を第一期、外国の存在を知り、その存在を意識するようになった時期を第二期とするなら、大航海時代の始まりからの数百年は、人間が鳥種を知っていく過程における第三の時代とみなすことができる。

新大陸の発見やその地への侵攻、アジア、オーストラリア・ニュージーランドの植民地化、アフリカ奥地への進出などにより、ヨーロッパ以外の土地の動植物に対する理解が大きく進む。博物学、分類学の発展と相まって、ヨーロッパ人、そして彼らを通して世界が知る鳥の種類は爆発的に増え、命名と分類が急速に進められていくこととなる。

古代において鳥は、地域ごとに異なる名称で呼ばれていたうえ、正確な絵による資料もほとんど存在しなかったため、同じ鳥について話しても会話がすれちがうことがあった。

ヨーロッパ人を中心とした人間の移動や交易が拡大するにつれて、そうした状況が混乱につながる例も増えた。そのため、各国内で分類と名称の統一化が進み、異国での名称を知る努力とすり合わせが行われて、共通認識を広げるための土台となる学名が、そのルールとともに普及していった。

まずヨーロッパにおいて、身近な鳥のすべてが分類の俎上《そじょう》に乗り、正確なイラストとともに図鑑のかたちでまとめられた。そして、それと並行するように、外国産の鳥種の把握が駆け足で進んでいった。

生体と剥製が世界の各地から集められて、ヨーロッパに運ばれる。動物貿易も加速した。日本の動植物も例外ではなく、平戸のオランダ商館を通じて、日本の鳥や植物の学術的なスケッチや剥製がオランダへと運ばれることとなった。

剥製等のヨーロッパへの移送において、日本に滞在したドイツ人医師シーボルトが果たした役割が非常に大きかったことは、よく知られたとおりである。

なお、日本では旧来、中国からの流れを汲む本草学をもとに、その発展形としての鳥の分類が行われてきたが、江戸末期には西洋的な考えに触れた者などが独自の分類を試みる例もあった。

鳥名はことわざ、菓子の名前にも

認知の広がりとともに、各国において、ことわざや慣用句はもちろん、文学や音楽、舞台芸術などにテーマ、あるいは素材として取り入れられる鳥が増えてくる。生活の中にも浸透し、食材や菓子の名称などにも鳥の名前に由来するものが登場するようになった。

日本で見られる例としては、ガンの名がつけられた干菓子の「落雁《らくがん》」、おでんの食材のひとつでもある「雁擬《がんもどき》」などが挙げられる。祝儀用の紅白の卵形の餅を「鳥の子餅」と呼び、すあまでつくった同様の餅を「鶴の子餅」と呼んだことも、そうした例のひとつに挙げることができるだろう。

なお、がんもどきなどの「もどき料理」は、もともと精進料理であり、肉の代用品とされたもので、「雁の肉（の味）」に似せてつくられたためにこの名がついたとする説が有力である。

DNA解析がもたらした新時代

ダーウィン以降、動物それぞれの進化にも関心が集まり、それが分類学にも大きな影響を与えることとなる。近縁種の理解は、その生物が地上にどう拡がり、分岐していったのかなど、進化の歴史を解明することにも役立った。

細胞核の染色体やミトコンドリアDNAの比較によって近縁種・亜種の確認ができるようになったのは、この数十年のこと。DNAを解析する新技術の登場によって、それまで行われていた姿や習性からの分類にはまちがいも少なくなかったことが判明し、大幅な見直しも行われた。

鳥類では、数千年にわたってワシやタカの仲間と思われてきたハヤブサ類が、実はインコ目やスズメ目と近い関係にあり、ワシ・タカと近縁ではなかったことが判明する。

よく似た姿は、近い環境で近い暮らしを続けると「同じような形状」に変化するという「進化の収斂《しゅうれん》」によるものだったことがわかり、鳥類学者や、鳥に関心をもつ人々のあいだに激震が走った。結果的にハヤブサ類は独立グループとなり、ハヤブサ目が新設されることとなった。最新の分類は、鳥もほかの動物も、進化の系統樹に沿ったものとなっている。DNAの比較をもとに、分類がより正確なものに改められたこの二十年は、鳥の認知における第四の時代といえる。

3 日本における初期の鳥認知

日本神話の成立

鳥の認知の歴史を辿るにあたり、まずはいちばん身近な日本について理解を深めたいと思う。『古事記』や『日本書紀』を通して今に知られる日本神話は、弥生時代末から古墳時代にかけて日本列島に暮らした人々が語り継いだ物語の集大成である。この時代の人々のそばにいた鳥と、そうした鳥に対する鳥観を、ここから読み出すことができる。

しかしながら、記紀の編纂には当時の支配者層の意思が強く働いていて、エピソードの採用・不採用において、恣意的な取捨選択もあったと考えられている。採用されなかったエピソードの中に未知の鳥の逸話があった可能性もゼロではないが、今となっては知るすべもない。神話とはそういうものと割り切るしかない。

日本神話に登場する鳥

日本神話に登場する鳥は、二十数種。調べてみると意外に多い。また、さまざまな場面で複数回登場する鳥もいて、登場頻度にはちがいも見える。

神話の始まりから眺めていくと、高天原の神々から日本の国土をつくるように命じられたイザナギとイザナミの「国産み」の際に、尾を振る姿を見せることでそのやり方のヒントを与え、問題解決に導いたセキレイがまず挙げられる。

続いて、スサノオの命《みこと》の暴挙に怒った姉の天照大神が岩戸隠れをし、世界が夜となってしまった際に、太陽（日）の神である天照大神を岩戸から呼び出して、世界にふたたび朝がやってくるようにと集められた「常世《とこよ》の長鳴鶏《ながなきどり》」と呼ばれたニワトリが続く。

日本神話が語られた時代にはまだ日本にはニワトリがおらず、常世の長鳴鶏も大陸から伝えられたイメージでつくりあげられたものではないかという指摘もあるが、後の章でも解説しているように、発掘された鳥の骨から、弥生時代にはまちがいなく日本にニワトリがいたという事実がある。よって、朝を告げる存在であるニワトリもまた、神話の時代にはすでに十分に認知されていたと考えていいように思う。

ニワトリ

その後、日本はスサノオの子孫であるオオクニヌシ（大国主）の神が支配する国となる。

オオクニヌシは恋多き神で、幾人もの妻を迎えたが、その中で、高志《こし》（越）国のヌナカワ（沼河）比売《ひめ》に求婚した際、絶対に会わないと家に閉じこもったままの比売に自身の思いを伝える歌を贈ったというエピソードがある。朗々とうたわれるこの歌の中心にいたのが鳥たちだった。

この長い歌を訳してまとめると、「求婚するためにやってきたのに、戸板は閉められたままで、ここに私がいるというのに、どうやってもあなたは出てこない。そうこうしているあいだに、鵺《ぬえ》（トラツグミ）が鳴き、キジが鳴き、夜明けを告げるニワトリが鳴いてしまった。（なにも進展しないまま朝を呼んだ）このいまいましいニワトリなど、殺してしまいたい……」となる。

この歌は、鳥の名を列挙することで、夜が過ぎ、朝が来てしまった様子と、一晩じゅうそこを動かず求婚を続けたオオクニヌシの情熱を強くアピールしたもの、と見ることもできる。

なお、求婚の際、自分は未婚と主張したオオクニヌシだが、実際には出雲に正妻がいて、ヌナカワ比売を愛人にするために高志を訪れていたという事実もあった。だが、それを不実と見るかどうかは、時代観によるように思う。

その後、出雲から大和に向かう旅に出る際に、オオクニヌシが正妻のスセリ毘売《びめ》に贈った歌の中にも鳥の名を見る。歌に出てくるのはカワセミで、青い衣の比喩として青い羽毛が印象的なこの鳥が使われていた。

オオクニヌシの話はまだまだ続く。

スサノオの子孫であるオオクニヌシが地上を支配するのは不当と判断した高天原の神々は、地上奪還のためにアメノワカヒコ（天若日子）をオオクニヌシのもとに派遣する。だが、アメノワカヒコはオオクニヌシの後継者となって地上を支配するという野望を抱き、高天原を裏切ってしまう。

音信不通となったアメノワカヒコの本心を確認するため、高天原の神々が彼のもとに送った使者は、鳴女という名のキジ。このキジはアメノワカヒコの手で殺されるが、その顛末として、天から投げ戻された「返し矢」に貫かれてアメノワカヒコ自身も絶命する。

その後、執り行われたアメノワカヒコの葬儀に参列したのは、カリ、サギ、カワセミ、スズメ、

カワセミ

スズメ

キジといった鳥たちだった。これは古事記の記述だが、日本書紀では登場する鳥がちがっていて、ミソサザイ、カラス、トビなどの名前を見る。なお、ここではカリとしたが、原文は「河雁《かわかり》」。河雁は、渡ってくる水鳥の総称で、ガン・カモ類一般を指すものとなっている。

アメノワカヒコの葬儀のエピソードで鳥たちは、死者への御膳（御饌《みけ》）を用意する係（カワセミ）、哭女《なきめ》として声をあげて泣き続ける係（キジ、ミソサザイ）など、それぞれが役割を与えられ、葬儀の場に置かれた。

鳥たちについては擬人化というより、そうした役割を担う人間の「化身した姿」として鳥が据えられたと考えるべきという指摘もある。また、登場したのがイヌやサルなどの哺乳類ではなく鳥であったことにも、意味があったと考えられている。

古代の天皇の逸話

神話と史実の狭間の時代に生きた古代の天皇には、鳥と関わりのある者、鳥の名を冠する者も少なくない。

神武天皇が九州の高千穂から大和に向かう際、熊野上陸後の先導役として登場するのが八咫烏。そのエピソードは一章で触れたとおりだ。なお、神武天皇の一行には、食料調達係の一翼として、ウを使う漁師（鵜飼）も加わっていたらしいことを、記紀から読み出すことができる。

神武天皇の数代後の子孫であるヤマトタケルの命が大和への帰途で力尽きて亡くなったあと、その魂の化身として墓所から出現したのはハクチョウだった。

ハクチョウについては、第十一代天皇の皇子であるホムチワケは成人するまで言葉を発することができなかったが、ハクチョウを目にした瞬間に、生まれて初めて声を出すことができた、というエピソードもある。

ヤマトタケルの孫にあたる忍熊王《おしくまのおおきみ》が琵琶湖で入水自殺した話では、「鳰鳥《におとり》が水に飛び込むように」という比喩のかたちでカイツブリ（＝鳰鳥）が登場する。

ちなみに、琵琶湖の古名は「鳰の海」。湖にその名がつくほどに、カイツブリという鳥は、その生態を含めてよく知られていたということだろう。

第十六代の仁徳天皇が誕生した際、産殿《うぶどの》にミミズクが飛び込み、同日、家臣である竹内宿禰《たけうちすくね》の家で生まれた子の産屋にはミソサザイが飛び込んだ。この出来事を吉兆と解した父親の応神天皇が、この事件を皇子の名づけに生かすことを決め、さらには名前の入れ換えも行って、仁徳天皇は大鷦鷯天皇《おおさざきのすめらみこと》と名づけられる。

「さざき」はミソサザイの古名で、「鷦鷯」はその漢字表記。茶色の小柄な鳥だが、声は美しい。西洋でも、さえずりに関して「鳥の王」と呼ばれた存在である。

さらに、仁徳天皇の御陵（墓所）は「百舌鳥耳原中陵《もずのみみはらのなかのみささぎ》」と呼ばれる。陵墓の造営中、走ってきたシカが突然倒れ、どうしたのか調べようとしたところ、シカの耳か

カイツブリ

モズ

コサギ

らモズ（鵙／百舌鳥）が現れ飛び去ったというエピソードがあり、そこから名づけられたといわれている。

そんな数々のエピソードをもつ仁徳天皇には速《はや》総別《ぶさわけの》皇子《みこ》という弟がいて、この弟を遣いに立てて異母妹の女鳥王《めとりのみこ》に求婚するが、女鳥王が好意を抱いていたのは速総別皇子。さらに女鳥王は、速総別皇子に向かって、「雲雀《ひばり》は天に駆ける　高行くや　速総別　鷦鷯《さざき》取らさね」という歌を詠む。音の響きどおり、速総別皇子の「速総」はハヤブサから来ている。その速総別皇子に対し、女鳥王は「鷦鷯、すなわち仁徳天皇を殺して皇位を奪え」と唆《そそのか》したわけである。

日本神話から史実にいたる直前の記紀に登場した鳥としては、このような例を挙げることができる。

古代日本で認知されていた鳥

あらためてまとめると、日本神話に登場する鳥は、セキレイ、ニワトリ、トラツグミ、キジ、カリ、サギ、カワセミ、スズメ、カラス、トビ、ウ、ハクチョウ、ミソサザイ、ハヤブサ、カイツブリ、ミミズク、モズ、ヒバリ、ツル、ウズラ、トキなどとなる。

縄文時代に食卓に上がったのは、カモ類のほか、カイツブリ、アホウドリ、カモメ、ヒメウ、カラス、サギ、ツルなどだが、この時代に食された鳥や信仰の対象となった鳥の認知は、神話の時代から日本という国が成立した時代にも引き継がれたと考えられる。

大阪の弥生時代前期の水田跡から見つかった鳥の足跡は、学術的調査からコウノトリと確認された。また、同じ弥生時代につくられた祭祀用の銅鐸にも鳥の絵が残るものがある。そこに描かれた、足が長く嘴も長い鳥はコウノトリと見る説が有力だが、絵にはサギやツルやコウノトリなど水田に飛来していた大型の鳥のどれとも似ている部分があることから、こうした鳥をまとめて描いたものと見る視点もある。

スズメやツバメなどの鳥も、定住が進んだこのころからゆっくりと日本人に近づき、家屋を営巣に利用するなど、現在見られるような関係が構築されていったと推察されている。

こうした鳥たちが古代の人々に認知されていた鳥だったと考えられる。

4 飛鳥・奈良時代から現代までの日本の鳥認知

万葉の鳥

飛鳥時代の末期から奈良時代にかけてつくられた『万葉集』は、文字のかたちで残る日本最古の歌集である。そこに収録された歌の一部は、記紀が語られた時代に足がかかるほど古い。最古の歌は、仁徳天皇の皇后作のもの（四世紀ごろ）とされる。

『万葉集』に登場する鳥は三十三種ほど。多いのは、ホトトギス、カリ、ウグイス、チドリ、ツル、カモで、この六種で全体の四分の三以上を占める。

ツルはこの時代から「ツル」の名で知られていたが、歌に詠まれる際は、「たづ」または「あしたづ」が用いられた。これらは、田にいるツル、葦原にいるツルが由来とされる。

それ以外の『万葉集』の鳥、鳥グループは、次のとおり。

◎カモ類ほか水辺の鳥↓ウ、サギ、シギ、コガモ、トモエガモ、カイツブリ、オシドリ、トキ
◎海鳥、海辺で見る鳥↓アイサ類、カモメ類、ミヤコドリ
◎猛禽↓タカ類、ミサゴ、ワシ類

◎キジ目の鳥　　　　↓ウズラ、キジ、ヤマドリ
◎アトリ科の小鳥　　↓アトリ、イカル（いかるが）、シメ
◎それ以外の陸の鳥　↓カラス、ツバメ、トラツグミ、ヒバリ、モズ、カッコウ
◎飼育鳥　　　　　　↓ニワトリ

神話に登場した鳥との重なりもかなりある。水辺の鳥も多く、カモ類の細かい見分けが始まっていることがわかる。魚を専門に獲るミサゴは猛禽の中でも特別な存在で、この時代すでに、ほかのワシ・タカ類とは分けて見られていたことは興味深い。

小鳥の中では、ウグイスやホトトギスと並んで、アトリ科の鳥が多い。トラツグミ、ヒバリ、モズ、カッコウなども、野や林を中心に暮らす鳥である。

こうした事実は、当時はまだ、都以外に大きな町があまり存在せず、野山に接する場所に家屋があり、人々の暮らしがあったことを示唆している。ただし、神話にも登場し、よく見かけたはずのスズメは、『万葉集』には登場しない。

なお、『万葉集』には、ほかに「かほどり」と呼ばれた鳥もいて、五首に詠まれているが、その正体は特定されていない。対象としては、「かほ」と鳴く鳥（カッコウか?）、もしくは、オシドリ、キジ、カワセミといった「姿かたちの美しい鳥」が推理されるが、現在に至っても不明なままである。

飛鳥・奈良時代から平安・鎌倉時代

日本の歴史のごく初期から、インコやクジャク、カササギは日本に運ばれ、上層階級を中心によく知られる鳥となっていた。『日本書紀』は冒頭こそ神話であるが、途中からは史実が記されたかなり正確な歴史書となっている。推古天皇の時代以降、日本に運ばれた海外の鳥についての記載が見られるようになるが、記された年号は概ね正確と考えられている。

たとえば、クジャクの初渡来は西暦五九八年（推古天皇六年）。同年、カササギも朝鮮半島から、そこに派遣されていた者の手で日本へと運ばれている。オウムと記された鳥の初渡来は六四七年（大化三年）となる。それ以降、数百年に渡り、不定期にオウム、カササギ、クジャク、ハッカチョウなどが朝鮮半島ほかの国から渡来することとなる。

正倉院の宝物の「螺鈿紫檀阮咸《らでんしたんのげんかん》」や「螺鈿紫檀五弦琵琶」にも、装飾のひとつとしてオウム・インコの姿を見る。

この時代の日本にはまだ「音呼／鸚哥（インコ）」という言葉がなかったことから、オウムもインコもまとめてオウムと呼ばれたが、螺鈿紫檀阮咸などに見られる鳥にはオウムの特徴である冠羽が見られず、またこの時期にはオウムが生息域から運ばれた事実も基本的になかったと考えられることなどから、ここに描かれた鳥は、かつてローマ貴族も飼っていたホンセイインコ系のインコと推察されている。

なお、日本における権力者の鳥飼育の例としては、奈良時代の初期に、天武天皇の孫にあたる長屋王《ながやのおう》が、屋敷でツルを愛玩飼養していた事実がある。邸宅の跡地から墨でツルの絵が描かれた須恵器が見つかったほか、飼育担当である「鶴司《つるのつかさ》」として三名の名前が記された木簡も出土している。木簡によると、飼われていたツルは二羽で、おそらくタンチョウだろうと専門家は推察している。

平安時代になると、貴族を中心に鳥を飼うことが定着し、やがて飼っている鳥で、姿や美しい声を競いあうようにもなる。雛から育てて懐かせる「手乗り」の遊びも流行した。

室町時代以降

時代が進むにつれて、日本人に認知される鳥は少しずつ、確実に増えていく。

室町時代には生業として鳥を捕獲する「鳥刺《とりさし》」も現れる。やがて、鳥屋も生まれ、鳥の供給は増えていくこととなった。

江戸時代になると、幕府を中心に鷹狩りが行われるようになり、大きな鳥の飼育ブームも起こったことで、飼育される鳥の数や種類が急増する。

それに伴って、固定された名称も必要になった。絵入りの鳥の図譜《ずふ》がいくつもつくられたのと並行して、鳥屋や本草学を修めた者などの手によって、名称の統一、固定化も進められていく。

輸入された鳥への名づけも進んだ。

現在知られる鳥の名称の大部分は、江戸時代に定着したものがその基盤となっている。そうした鳥の名称固定の経緯は次章で、またどんな鳥がどのように飼育されていたかは、五章で詳しく解説する。

なお、本草学者などがまとめた江戸時代の図譜や解説書に掲載された鳥を集計、分析してみると、現在見ることができる鳥の、かなりの部分が網羅されていたことがわかる。ここから江戸時代の鳥の認知は、昭和・平成期の日本と比べても、ほとんど遜色ない状況にあったと見ることができそうだ。

第三章　鳥の名前と名づけ

1　鳥の名づけには世界共通のパターンがある

国や言語を超えた名づけの方法

はるかな古代より、鳥の名は、姿や色、行動や習性、鳴き声などをもとにつけられてきた。由来がよくわからないものも一部にはあるが、多くは人との関わりの中で名づけが行われてきたことから、文字記録としてさまざまな情報が残っており、名の変遷を知ることが可能な鳥も多い。

鳥には嘴《くちばし》があり、羽毛があり、翼がある。そして、そのほとんどが空を飛ぶ。この基本から外れるものは少ないため、鳥はだれが見ても鳥に見える。翼が退化して飛ばなくなった鳥はいるが、嘴をなくした鳥も、すべての羽毛を失った鳥もいない。鳥に進化して以降、その形質はずっと維持され続けている。

言い換えるなら鳥は、姿かたちという点で、哺乳類など、ほかの脊椎動物と比べて、「バリエーションの幅」が狭い。祖先の恐竜と比べても、「きまった形」をしている。

さらに鳥は、「空を飛ぶ」という条件を満たし続けるために、あまり大きくも小さくもなれない。大きく重くなると、物理的に飛翔が困難になり、あまりに小さく軽くなってしまうと、高い体温を維持して生き続けることができなくなる。そのため鳥には、サイズの幅の点でも大きな制限がある。

それゆえ鳥は、だれが見ても「鳥」と認識されるわけだが、それが逆に種のちがいを小さくして、見わけを難しくもしている。目立つ大きな鳥はまだいいが、小型のさえずる鳥はみなただ「小鳥」と認識されて、出会った鳥の名称をほとんど覚えることもなく一生を終える人間も多い。

こうした事情もあって、鳥の名称はほかの動物に比べてシンプルなものとなっている。よほど変わった姿や習性がないと、特別な名前はつけられないからだ。

おなじような道筋で名づけられたからこその利点も

だが、そんな存在ゆえのメリットもないわけではない。

世界の人々は、身のまわりの鳥たちをおなじような目で見つめ、おなじようなやり方で名づけを行ってきた。それは裏を返せば、日本において日本の鳥や海外の鳥にどんな名前がどのような流れの中でつけられ、定着したのかを知ることで、他国・異言語での鳥の命名のパターンについても合わせて知ることができる、ということにほかならない。鳥を理解するうえで、それはとても有利なこととなる。

また、同時にそれは、特殊な習性や行動をもとに、ある国でつけられた名称を、その意味のままに日本語に翻訳してしまえば、名前をそのまま日本語化できるということでもある。

例えば、北アメリカ南部の乾燥地帯に、「Greater Roadrunner」という地上暮らしの鳥がいる。カッコウやホトトギスとおなじカッコウ科の鳥だが、森には暮らさず、托卵もしない。地上で餌を捕り、時速四十キロメートルに迫る速度で地面を勢いよく駆け抜ける。

彼らはアニメのキャラクターになるほど、地元では有名な鳥だ。だから、一般に呼ばれる英名は「Roadrunner（ロードランナー）」。種の正式な日本名も、そのまま「オオミチバシリ（大道走）」となった。ちなみに「コミチバシリ（小道走）Lesser Roadrunner」は、より南のメキシコからユカタン半島北部にかけて生息している。

羽毛色や、纏《まと》う羽毛の優美さから名がついた鳥も世界中にいる。

例えば日本には、「オオルリ（大瑠璃）」や「コルリ（小瑠璃）」、「ルリビタキ（瑠璃鶲）」といった名の鳥がいる。濃い青、瑠璃色の美しい羽毛をもつため、その名前で呼ばれるようになった。新緑を「青葉」と呼ぶなど、緑色を「青《あお》」と表現してきた日本においては、鮮やかな青をちがう言葉で表現する必要があった。それゆえの「瑠璃」でもあった。

ちなみに、アオゲラ、アオジ、アオバトなどは、すべて緑系の羽毛をもった鳥である。例外はアオサギで、こちらは「青」というより「蒼」のイメージからきている。もともと中国でこの鳥を「蒼鷺」と呼んでいたことに由来するとされる。英名は「Grey Heron」、こちらの意味は見た目通りの「灰色のサギ」となる。

なお、海外の鳥の日本語名では、青は「アオ」であることが多い。アオカケス、アオアズマヤドリ、アオフウチョウなどの名から、それを確認することができる。

メキシコ南部からパナマにかけて生息する、鮮やかな金属光沢の緑と赤の羽毛をもった、尾の長い「ケツァール」という鳥の名は、この地に豊かな文明をもって暮らしていたアステカの人々の言葉（ナワトル語）で「大きく輝いた尾羽」という意味をもつ。これもまた、特徴のある羽毛とその色が名の由来になった例だ。

「世界一美しい鳥」ともいわれるケツァール（別名カザリキヌバネドリ（飾絹羽鳥））は、中米でも特定の地域にしか棲まず、また一見派手な羽毛がジャングルの中では見事な保護色となるため、地元の人々であっても、その美しい姿を目にするのはきわめて稀だ。そんな神秘性もあって、アステカが栄えた時代には、神ケツァルコアトルの遣いとされた。

こんなかたちで、それぞれの地、それぞれの言語で、身近な鳥、歴史に接点のあった鳥から順に、名前がつけられていった。

ケツァール

コウライウグイス（増山正賢『百鳥図』）

おなじ名前がちがう鳥を指す場合も

国境が接していたり、海峡で隔てられていてもおなじ文化圏にあるなど、歴史的な結びつきが深い国どうしでは、特定の鳥に関して、古くから認識が近いことも多く、完全に一致するケースも少なくなかった。

例えば日本と中国の両方にいて、古い時代から中国語の詩歌などに取り上げられてきた鳥や、教訓・ことわざなどにも残る鳥の情報は、学問や文化とともに日本にも伝わって、名称や漢字名が引き継がれることとなった。鴛鴦、翡翠、燕、鶯などの漢字を、中国から名が伝わった例として挙げることができる。先ほどのアオサギも、そうしたもののひとつといえる。

ただし、呼び名や漢字が伝わる際、その名が意味する対象が別の鳥に変わってしまったケースもある。その代表例が、「ウグイス（鶯）」だ。
多くの漢詩に詠まれ、日本人も学生時代を中心に漢文の授業などを通して名に触れる機会の多い鳥だが、漢詩の中の「鶯」は、中国や朝鮮半島をはじめ、東アジアから南アジアに広く分布する黄色い羽毛の「コウライウグイス（高麗鶯）」で、日本のウグイスとは異なる。日本にはまれに飛来するが、事実上、日本にはいない種である。もちろん、「ホーホケキョ」とは鳴かない。

日本のウグイス（毛利梅園『梅園禽譜』）

そのため、ウグイスが登場する漢詩に触れた際に日本のウグイスを想像すると、もとの詩のイメージを大きく損なうことになる。

日本、朝鮮半島、中国南部、ロシア東部の沿海部などで見られるカモの仲間のオシドリは、中国で古くから好まれ、飼育されてきた鳥でもあった。もともと中国での漢字名「鴛鴦」の「鴛」はオスのオシドリ、「鴦」はメスのオシドリを意味していて、鴛鴦でオシドリの「つがい」の意味があったが、日本ではオシドリに、その漢字名として「鴛鴦」の字をあててしまった。ちなみに、オシドリの英語名は「Mandarin duck」。「中国のアヒル」の意となる。

2　鳥の命名法

その鳥の特徴が名称となる

あらためて、世界および日本における鳥の名づけのパターンを確認してみたい。

古来、大きな鳥は「おおとり（大鳥）」、全身が白い大型の水鳥は「はくちょう／しらとり（白鳥）」などと呼ばれる傾向があった。獲物を狩る肉食の猛々しい鳥（ワシ・タカ類、ハヤブサ類、ときにフクロウ・ミミズク類を含む）を「猛禽（a bird of prey）」や、それに類する言葉で呼んだのも、世界に共通する。

やがて、姿や色、行動・習性、鳴き声などをもとに、鳥の特徴が人々に把握されはじめると、それぞれの特徴が基盤となった名前がつけられるようになる。同時に近い仲間が把握され、グループ化される鳥も増えてくる。

キツツキ、ハト、カラス、ワシ・タカ、フクロウ・ミミズク、カモメ、ペンギンなどは、見た目や大きさに多少のちがいはあっても、それぞれがもつ特徴から、目にしたある鳥が彼らが属する特定グループに含まれることは、多くの人にとって自然な認識となっていく。それはつまりは、「ハト」といえばハトと、「カラス」といえばカラスとわかる、ということだ。

はるか古代の日本では、田などで見る、足が長く、嘴も長い大型の鳥を「たづ（＝田鶴？）」と呼んだ。万葉の時代になると「たづ」はツル類の古名として定着してくるが、それ以前の時期においては、田にやってくる白系の大型の鳥全般が「たづ」だった。つまり、ハクチョウやコウノトリも「たづ」と呼ばれた時代があった、ということになる。

種の識別があいまいだった古代の名称は、広い範囲の鳥を含む傾向があった。それが古い時代の常識でもあった。だが、やがて、時代が進む中でそれぞれが独自の名をもつようになり、ちがう鳥と認識されるようになっていく。

キツツキやカッコウの名の由来は日欧に共通

キツツキは、日本でも英語圏でも「キツツキ」。木をつつく鳥だから、「キツツキ」と呼ばれた。英名は「Woodpecker」。文字どおり「木をつつく者（鳥）」の意である。

そして、おなじ習性をもつ、遺伝子的にも近い鳥たちをまとめて「キツツキ類」と呼んだ。「啄木」はキツツキの漢字名である。木を啄《ついば》む（＝つつく）ことがその由来となった。ゆえに、キツツキ類のアカゲラやアオゲラは、「赤啄木鳥」、「緑啄木鳥」などと記される。

余談になるが、歌人の石川啄木の名の由来もキツツキ。出身地の盛岡周辺にキツツキが多かったことからペンネームに採用したのだという。ちなみに正岡子規の「子規」はホトトギスを意味する漢字である。

ただし日本には、キツツキという名の鳥はいない。アカゲラ、クマゲラ、アオゲラなど、「ケラ／ゲラ」が名前の中のキツツキ類を意味する部分となる。

「けら」は、キツツキ類の古名のひとつである「けらつつき」（「けら」は虫を意味し、「けらつつき」は虫をつついて食べるという意味？）から来ているというのがもっとも有力な説だが、「けら」の由来は諸説あって現在も確定はしていない。

キツツキという名の鳥が日本にいないことにも、もちろん理由がある。日本で「キツツキ」の名称が使われるようになったのは戦国時代末期からで、定着したのも江戸時代になってからと、実はかなり遅い。そのころには体の一部に赤い羽毛をもつ「けらつつき」を「赤ゲラ」、緑の「けらつつき」を「あおげら」などと略称で呼んだり書き記すようになっていて、その優位を覆すまでには至らなかったからである。

コゲラ

カッコウの名前の由来は「鳴き声」で、「カッコウ」と鳴くから「カッコウ」。

ヨーロッパの各言語でも同様で、英語では「Cuckoo」、ドイツ語では「Kuckuck」、フランス語では「Coucou」と、同じ発想で名がつけられている。

より徹底しているのは日本で、日本にはカッコウのほかに、ホトトギス、ジュウイチ、ツツドリと、カッコウ科の鳥が四種いるが、「Fugitive Hawk Cuckoo」という英名をもつジュウイチの名も、「ジュウイチッ」という鳴き声が由来となっている。

特徴ある嘴も名前の由来に

ものを食べる口であると同時に、人間の手や指のような細かい作業も可能なマルチな部位である「嘴」。鳥の嘴の略称は「ハシ」。そこから、大きな嘴が特徴的だった中南米に生息するキツツキ目オオハシ科の鳥は、「オオハシ」と呼ばれるようになる。漢字表記は、「大嘴」。近い仲間で、サイズが小さいものは「チュウハシ（中嘴）」と呼ばれた。

日本でも人気の高い、アフリカ原産の大型の鳥ハシビロコウの「ハシ」も嘴が由来だ。横に広く大きな嘴ということで、「ハシビロ」の名がつけられた。今は別の科とわかっているが、最初に日本人研究者に認識された際に「コウノトリ（鸛）」の仲間と考えられたため、「ハシビロコウ（嘴広鸛）」という名に至る。

嘴が名前に冠される鳥はほかにもいるが、もっとも有名かつ身近なのは、やはり「ハシボソガラス（嘴細鳥）」と「ハシブトガラス（嘴太鳥）」だろう。

行動、習性からついた名称

先に紹介した走る鳥、オオミチバシリや、木をつつくキツツキ類以外にも、特徴ある行動がそのまま名称となった鳥も多い。

オーストラリアやニューギニアにいるニワシドリ類は、メスに求愛する際、オスが枯れ枝や特定の色の素材を集めて特徴のある構造物を地面につくる。構造物は種ごとにちがっているが、いずれも「美麗さが感じられる構造物」がつくれるオスが「高度な脳をもった好ましい相手」とメスに判断されることから、オスはメスを納得させられるだけのものをつくる努力を惜しまない。

こうした習性が、庭師がきれいな庭をつくるのに例えられ、このグループを「ニワシドリ（庭師鳥）」と呼ぶようになった。そこに属するもののうち、頭部に冠羽がある鳥には、「カンムリニワシドリ（冠庭師鳥）」、ほかの種よりも体が大きい鳥には「オオニワシドリ（大庭師鳥）」、茶色の羽毛をもつものには「チャイロニワシドリ（茶色庭師鳥）」などの名がつけられている。

枯れ枝を組み合わせて、並木道をつくり、その周囲をさまざまな青いもので飾る青いニワシドリは、ほかのニワシドリとは区別されて「アズマヤドリ（東屋鳥）」の名をいただいている。

彼らのつくる並木道は、そのまま粗末な小屋、「東屋《あずまや》」のようにも見えたことからつけられた名前だ。その鳥自身も光沢のある濃い青の羽毛をもつことから、正式名として「アオアズマヤドリ（青東屋鳥）」と呼ばれるようになった。

ニワシドリの仲間であるにもかかわらず庭をつくらない緑色の鳥には、庭師の名は与えられなかった。造園しないのだから当然である。かわりについた名が「ネコドリ（猫鳥）」。理由は、カモメの仲間のウミネコとおなじように、鳴き声がネコにとてもよく似ていたためだ。

鳴き声が名前の由来となった鳥としては、オーストラリアのワライカワセミや、絶滅したニュージーランドのワライフクロウなども挙げることができる。

ほかの動物と共存する姿が名前になった鳥もいる。「ミツオシエ（蜜教）」という鳥は、野生のミツバチの巣の近くで鳴くことで、そこに巣があることを教え、声を聞いてやってきた動物が蜂蜜を食べるためにその巣を壊すのを見とどけた後、残った蜜や幼虫を破壊された巣から採って食べる。そうした行動が名前の由来となった。

イワトビペンギンの名は、営巣地の島の岩場をホップするようにピョンピョン跳んで進む姿からつけられた。垂直の木の幹を苦もなく歩いたり小走りに移動して餌を探す姿から、「キバシリ（木走）」と名づけられた鳥もいる。

長い嘴を花弁の奥の蜜腺にさし込んで花蜜をなめる習性をもつ鳥には「honeyeater」という名が与えられた。日本語名もそのまま、「ミツスイ（蜜吸）」だ。日本には、文政二年（一八一九年）にコシジロミツスイが渡来し、その記録絵が残されている。

エナガ

オスが単独、または集団で、メスに向かって「求愛ダンス」をして、その評価によって交尾の可否が決まるしくみをもつ鳥グループは、必死に踊る姿から「マイコドリ（舞子鳥）」と呼ばれるようになった。

暮らし方の特徴が接頭辞的に名前に付加されたケースもある。エサを強奪するイメージから、カモメに「トウゾク（盗賊）」が追加されたのが「トウゾクカモメ（盗賊鴎）」のグループである。

見た目からの名称

「エナガ」という鳥がいる。江戸時代からその名で呼ばれるようになった。嘴の先端から尾の先までの長さを測った体長は約十四センチメートル。ただし、その半分以上は長い尾が占めるため、身はとてもコンパクトで、体重はスズメの半分から三分の一ほどしかない。丸い体に長い尾をもつ姿が、手水などに使われる柄の長い杓のように見え、それゆえに古くから「えながびしゃく（柄長杓）」と呼ばれていた。その名が短縮されてできたのが「エナガ

（柄長）」という名前である。
日本を中心とする極東とイベリア半島の西部、というユーラシアの両端のみに生息する「オナガ（尾長）」という鳥の名称も、彼らがもつ長い尾からきている。

羽毛色からくる名称

日本に棲む青い鳥に「ルリ」という名がつく例が多いことは先にも紹介したとおり。赤やオレンジ色の鳥には、「アカ（赤）」、「ベニ（紅）」、「ヒ（緋）」、「ショウジョウ（猩々）」などが付加される。ヒは緋色、ショウジョウは猩々緋という色からきている。外国産の鳥の和名にも同じように使われる名である。

赤の例は、「アカショウビン（赤翡翠）」、「アカマシコ（赤猿子）」ほか。紅の例は、「ベニマシコ（紅猿子）」など。緋の例としては、「ヒクイナ（緋水鶏）」などがあり、外国産の「ヒインコ（緋鸚哥）」なども同様となっている。猩々は、同じく外国産の「ショウジョウインコ（猩々鸚哥）」などに使われている。

白色の鳥はハクチョウを筆頭に「シロハヤブサ（白隼）」、「シロフクロウ（白梟）」など。「シロ」または「ハク」がつく。黒色の鳥は、「クロジ（黒鵐）」、オーストラリアの「コクチョウ（黒鳥）」などで、こちらも「クロ」がつくケースと「コク」がつくケースの両方がある。

コシジロキンパラ（百鳥図）

黄色の鳥は、「キビタキ（黄鶲）」、「キセキレイ（黄鶺鴒）」などだ。

複数の色をもつ鳥は、「ゴシキ（五色）」や「ヤイロ（八色）」の名をもつ。「ゴシキセイガイインコ（五色青海鸚哥）」、「ゴシキヒワ（五色鶸）」、「ヤイロチョウ（八色鳥）」などの名を挙げることができる。

体の一部に近種とちがう色があるという特徴が名称になったケースもある。

腰が赤いので、「コシアカツバメ（腰赤燕）」。キンパラなどとおなじグループに属する、腰が白いカエデチョウ科の鳥には「コシジロキンパラ（腰白金腹）」（ジュウシマツの原種）。白い冠羽があるから「シロガシラ（白頭翁）」。頭に赤い部分があるアオバトの仲間だから「ズアカアオバト（頭赤緑鳩）」。

頭頂に黄や青の羽毛をもつボウシインコ類が「キボウシインコ（黄帽子鸚哥）」や「アオボウシインコ（青帽子鸚哥）」と呼ばれるのも同様だ。背が黒いから「セグロ〇〇」と呼ばれる鳥もいた。足が黄色いため「キアシ〇〇」と呼ばれる鳥もいる。

分布地などからくる名称

日本を渡りの通過点にしている旅鳥や、台風などの影響で本来の生息地から飛ばされてきた鳥、比較的最近になって日本でも見られるようになった鳥は、外国の名を頭にもつことがある。出身地が明確な鳥にも、そのような接頭辞がつくケースは多い。

たとえば、以下のような例がある。

○アメリカ　↓アメリカコガモ、アメリカコハクチョウ、アメリカセグロカモメ、など
○カナダ　↓カナダガモ、カナダヅル、カナダガン、など
○インド　↓インドクジャク、インドガン、インドハッカ、など
○朝鮮　↓チョウセンメジロ、チョウセンアオバズク、など
○樺太　↓カラフトワシ、カラフトムシクイ、など

同じようなイメージで、国内の特定の地域や島の名称を頭にもつ例もある。

○奄美　↓アマミシジュウカラ、アマミヒヨドリ、アマミヤマシギ、など
○琉球　↓リュウキュウツバメ、リュウキュウヒヨドリ、リュウキュウコゲラ、など

○山原　→ヤンバルクイナ
○小笠原　→オガサワラカワラヒワ、オガサワラノスリ、オガサワラヒヨドリ、など
○蝦夷　→エゾコゲラ、エゾビタキ、エゾフクロウ、エゾライチョウ、など

わずかな体のサイズのちがいも名称に影響

オオハクチョウとコハクチョウの例のように、近い種で大きいものは「オオ（大）」、小さいものは「コ（子）」が頭につく。

ただ、それだけでは不足もあるため、さらに小さいことや、少しだけ小さいことを意味する接頭辞として「ヒメ（姫）」や「オトメ（乙女）」がつく例もある。ヒメがつくものとしては、「ヒメウ（姫鵜）」、「ヒメクイナ（姫水鶏）」、「ヒメウズラ（姫鶉）」などの例がある。オトメがつくものとしては、海外産のインコである「オトメズグロインコ（乙女頭黒鸚哥）」などを挙げることができる。

なお、国内最大級の白サギであるダイサギは、例外的に「ダイ」がついていることも追記しておきたい。ちなみにダイサギには二亜種がいて、冬に渡ってくる少し大きい方をオオダイサギ、夏に渡ってくるひとまわり小さい方をチュウダイサギと呼んでいる。

3　古くから知られる和鳥の名前の由来と変遷

日本神話に登場する鳥

日本に暮らす鳥の名称について、もう少しだけ詳しく語ってみたい。

まずは、前章で紹介した日本神話に登場する鳥からおもなものを拾い出し、現在の名称までの変遷を追ってみる。

◆セキレイ

セキレイそれぞれに固有の名前がつけられたのは近世になってからで、奈良時代はもちろん、平安・鎌倉時代になっても種が分類されることなく、セキレイ類のすべてが「にはくなぶり」、「つつ」、「まなはしら」などの名で呼ばれていた。

「とつぎおしへどり（嫁ぎ教え鳥）」という名で呼ばれることもあったが、これは日本神話冒頭の国産みのエピソードが由来となっている。

歩くのを止めて尾を振る様子が、庭（地面）を叩いているようにも見えたため、「にわたたき」という名も生まれた。

今でいうところの「セキレイ」は、この鳥の漢名「鶺鴒」を音読みにしたもので、室町時代になって定着。以後、この名前で呼ばれることが増えていく。「セグロセキレイ（背黒鶺鴒）」や「ハクセキレイ（白鶺鴒）」、「キセキレイ（黄鶺鴒）」、「イワミセキレイ（岩見鶺鴒）」という個々の名称は、江戸時代につけられ、飼育書などに明記されたことで定着が加速した。

スズメ（梅園禽譜）

◆スズメ

古代から「すずみ」もしくは「すずめ」という名で知られていたが、平安時代以降はほぼ「すずめ」に統一されている。室町時代から江戸時代も現代とおなじく「すずめ」と呼ばれ、「雀」と書かれた。

ちなみに「雀」という字は中国でもふつうに使われている。鳥類図鑑でも「雀科」などの分類に用いられるほか、中国語では山麻雀がニュウナイスズメ、家麻雀がイエスズメであり、日本名ギンザンマシコが「松雀」と表現されるなど、スズメの仲間のほか、近い科の他の鳥にも使われていることがわかる。日本ではヤマガラやシジュウカラなどに「雀」の文字が使われるが、中国の鳥分類ではもっと幅広く使われているようだ。

スズメは記紀に登場し、『枕草子』などの平安文学でも触れられているが、奈良時代に編纂された『万葉集』にはまったく登場しない。なぜスズメの歌がないのか、理由は不明である。

なお、『枕草子』に「かしらあかきすずめ」という記述があるが、これは「ニュウナイスズメ（入内雀）」のこと。色彩バランスが、いわゆるスズメとちがっていたことから、古くから別種と認識されていた。

平安時代以降、千年以上にわたってスズメは飼い鳥とされる。江戸時代において、今の手乗りブンチョウのポジションにおさまっていたのはスズメだった。日本人に長く親しまれていたからこそ、物語としてのスズメの報恩譚（『舌切り雀』など）も生まれたのである。

ちなみに、「め」で終わる名の鳥を挙げてほしいと言われたら、多くの方がすぐにスズメ、ツバメ、カモメなどの名を思い浮かべることだろう。こうした鳥名の末尾の「め」は、「鳥」を示す接尾辞だったと考えられている。

◆キジ

古名は、「きぎし」か「きぎす」。この名称は奈良時代に定着したと考えられている。同時代、実は「きじ」という呼び名も存在していたが、『万葉集』はすべて「きぎし」で、歌に詠まれる

キジ

際はこの表現が使われるのが通例だった。記紀にも「きぎし」の綴りを見る。

平安時代以降、野でキジを見かけた際など、その記述には「きじ」の名が多用されるようになったが、そんな時代においても、和歌においては相変わらず「きぎし」が使われるのが常だった。

オスのキジは野で「ケケーン」と特徴のある声で鳴く。この鳴き声を当時の人々は「きぎ」と聞いた。

「す」や「し」は、「め」と同様、鳥を示す接尾辞とされ、「『きぎ』と鳴く鳥」の意から「きぎし」や「きぎす」と呼ばれるようになったとする説が有力である。

また、「さのつとり」は和歌においてキジを意味する枕詞だったが、ある時期から転じて、キジそのものを指す言葉にもなっていった。

◆ハクチョウ

ハクチョウがその名で呼ばれるようになるのは、安土・桃山時代以降のこと。古名は「くぐひ（くぐい）」。平安時代には「こふ（鵠）」とも呼ばれた。ともに鳴き声に由来する名称とされる。

◆ウ

古名もそのまま「う」。ウミウ、カワウを区別することなく、奈良時代以前からその名で呼ばれていた。水面に「浮く」ところから「う」と呼ばれたなど、由来には諸説があるが、はっきりしたことはわかっていない。

中国にも棲む鳥であり、日中両国ともに古代から鵜飼がおこなわれてきたこともあって、この鳥を示す「鵜」や「鸕鷀《ろじ》」という漢字は中国語の表記をいただいたかたちとなっている。『万葉集』と『古事記』では鵜が、『日本書紀』では鸕鷀が使われているが、実は正しいのは後者の方。中国語の「鵜」はウではなく、ペリカン類を指す名称だったが、まちがいのまま日本語として定着してしまった例となる。

◆トビ

トビもその名が出てくる最初の記述から「とび」。鎌倉時代には「とみ（鵄）」と呼ばれた記録もある。「とんび」の名が出てくるのは江戸時代から。

トラツグミ（梅園禽譜）

◆トラツグミ

古名は「ぬえ」。「ぬえとり」とも呼ばれた。この鳥はかなり古くから、夜に不気味な声で鳴くことで知られていた。「ぬえとり」の名称が妖怪からきているというのは誤解で、実際は真逆となる。『平家物語』に登場する怪物の「ぬえ」は、鳥の「ぬえ」に似た声で鳴いたことから、その名前がつけられた。

「ぬえ」はもともと、声だけが知られている正体不明の鳥だった。大型のツグミの仲間であると記されたのは江戸時代で、「おにつぐみ（鬼鶫）」という鳥が「ぬえ」であると主張され、認められることになる。おなじ鳥が江戸やその周辺で「とらつぐみ（虎鶫）」と呼ばれていたことから、最終的に「トラツグミ」が、この鳥の正式名称となった。

◆クジャク

古くは記紀に「孔雀」の名を見る。読み名は、「くさく」。ローマ貴族などに愛されたのはインドクジャクだが、天平から奈良時代に日本に渡来したクジャクはマクジャクの方。優美な姿で、当時の支配層の目を楽しませた。

「くじゃく」と呼ばれるようになったのは、平安時代以降。江戸時代にはマクジャク、インドクジャクがともに渡来し、「花鳥茶屋」などを通して庶民の目にも触れることとなった。

万葉の鳥、平安・鎌倉時代に人気のあった鳥

前章で解説したように、『万葉集』に登場する鳥は三十三種ほどで、そのうち、ホトトギス、カリ、ウグイス、チドリ、ツル、カモの六種で全体の四分の三以上を占める。

『万葉集』に登場する鳥は千年以上も前から日本人に認識されてきた鳥であることから、記紀の鳥と同様、おもな鳥について解説をしてみることにする。

◆ホトトギス

日本にいるカッコウ科の中では最小の鳥。それでも、『万葉集』に登場する鳥としては最多であり、以後の日本文学の中に非常に多く、その名前を見る。中世になっても、和歌や随筆、物語などに登場する鳥の筆頭は、やはりホトトギスだった。

ホトトギスは奈良時代かそれ以前から「ほととぎす」の名で知られていたが、「ときつとり」、

ホトトギス（梅園禽譜）

「ときのとり」など、登場した文芸作品では異名も多くあった。また、杜鵑、不如帰、杜宇、蜀魄、時鳥、子規など、さまざまな漢字表記もされた。

ちなみに、「ときつとり」、「ときのとり」の名は、漢字名の「時鳥」からきている。なお、「ほととぎす」の名の由来は、「『ほととぎ』と鳴く鳥」からきているという説がある。

漢字名の多くは中国由来で、杜鵑《とけん》、不如帰《ふにょき》、杜《と》宇《う》、蜀魄《しょくはく》などは、帝位を追われた古代の蜀の王、望帝《ぼうてい》杜宇の伝説からきている。子規《しき》もそう。ちなみに「不如帰」というのは、中国の古い時代において、ホトトギスの鳴き声を「不如帰」と聞きなしていたことが由来となっている。

◆カッコウ

カッコウの声は歴史時代以前から聞かれていたはずだが、日本人がこの鳥を認識したのは実はかなり遅い。カッコウは奈良時代の書や和歌の中には登場しない。見た目がよく似ていたこともあり、ホトトギスと混同されていたのではないかという説が有力である。

奈良時代においては、現在はカッコウの漢字名となっている「郭公」の文字もホトトギスを示す漢字名として使われていた。

カッコウがホトトギスとはちがう鳥と明確に認識されたのは、鎌倉時代に入ってからのこと。そしてやっと江戸時代になって、鳥名として、「かっこう」や「かっこうどり」が定着した。なお、閑古鳥という字があてられる「かんこどり」はカッコウの異名である。

カッコウ（梅園禽譜）

◆ツル

奈良時代から「つる」という呼び名はあり、この名前で認識されていたが、歌に詠まれる際は、「たづ」または「あしたづ」が用いられた。これらは、田にいるツル、葦辺・葦原にいるツルが由来とされる。いずれも、ツル全般を指す呼び名だった。

ツルに個々の種の名が使われ始めるのは鎌倉時代

ナベヅル（梅園禽譜）

で、「まなづる」が最初となる。

室町時代になると、「しろづる」、「くろづる」という呼び名がそこに加わる。しろづるはタンチョウ、くろづるはナベヅルと推測されている。

分類がより細かくなるのは江戸時代で、本草書において、「丹頂」「あねはづる」などの名がはっきりと出てくる。この時代には、ナベヅル、タンチョウ、マナヅル、アネハヅルのほか、今は日本には渡ってこないソデグロヅルも認識されていたことが判明している。なお、「つる」という言葉の語源はいまだ不明のままだ。

◆カラス

カラスは奈良時代からすでに「からす」の名で知られていた。だが、「はしぶとがらす（嘴太

ハシボソガラス（梅園禽譜）

鳥）」、「はしぼそがらす（嘴細鳥）」、「みやまがらす（深山鳥）」が別種と認識されるのは江戸時代からである。

カッコウの名と同じように、カラスの英名「crow」も鳴き声からきている。フランス語やドイツ語での呼び名も同様だ。日本語のカラスも鳴き声からつけられたという主張もあるが、奈良時代のカラスの鳴き声は「ころく」と表記されていることなどから、日本での名付けの由来はそれとは少し異なるようだ。

◆イカル

古名は「いかるが」。漢字では、斑鳩と書かれることが多い。厩戸皇子（聖徳太子）が造営した「斑鳩宮」や、その土地の呼び名である「斑鳩の里」は、「イカルの数が多く、よく飛び交う場所」からつけられたという説がある。

室町時代になると、この鳥は「いかる」、または「まめまはし（まめまわし）」、「まめうまし」と呼ばれるようになる。江戸時代においては、実は「まめまはし」の方がよく使われ、そこから「まめ」や「まめどり」などの名も聞かれるようになった。

だが、大正時代に鳥の名称があらためて整理された際、「まめどり」や「まめまはし」は廃棄され、ふたたび古名に戻るかたちで「イカル」と定められた。

なお、「まめまはし（豆回し）」という名は、イカルが種子を食べる際、大きな嘴の中でそれを回しながら器用に殻を剥く姿からきていると考えられている。

◆ウズラ

奈良時代には「うづら」の名前で知られるようになり、そのまま現在にいたる。

◆ヤマガラ、シジュウカラ

ヤマガラ、シジュウカラが広く知られるようになるのは平安時代からで、それぞれ「やまからめ」や「やまから」、「しじうからめ」や「しじうから」と呼ばれた。スズメ同様、名前末尾の「め」は鳥、あるいは群れる鳥を示す接尾辞である。

「から」は、「よくさえずる鳥」を意味していて、「雀」の字があてられる。そこから両者の漢字表記は、それぞれ「山雀」と「四十雀」となる。

◆アオジとクロジ

古代において、神に仕える巫女はホオジロやアオジを占いに使うために傍らに置いていたらしい。そうしたことから、ホオジロやアオジ、クロジは、古くはまとめて「しとと」と呼ばれ、「巫鳥」とされた。それゆえに、「みことり」という異名ももつ。今でも、クロジやアオジを示す漢字は「鵐」である。

奈良時代においては、「しとと」といえばおもにホオジロを指していたが、時代の流れの中で逆転現象が起き、室町時代にはアオジを指すようになった。アオジはもともとは「あおじとと」で、それが略されて「あおじ」となった。クロジも同様で、「くろじとと」→「くろじ」の流れである。それぞれ漢字では「青鵐」、「黒鵐」と記される。両者が別の鳥として区別されたのは江戸時代になってからである。

◆トキ

奈良時代の呼び名は「つき」や「つく」。「桃花鳥」と書いて「つく」と読ませたりもした。「桃花鳥」は「桃の花色の鳥」の意。今でいう鴇《とき》色からきていたのだろう。

史料中に「とき」の名が見えるようになるのは室町時代以降のこと。その一方で、「つき」の名は江戸時代になっても残っていた。

江戸時代には、「紅鶴《こうかく》」や「紅鷺《こうろ》」、「朱鷺《しゅろ》」の名がつけられたトキの絵も残っている。それは、ツルやサギに近い仲間と考えられていた証拠となる。

トキ（梅園禽譜）

4　輸入されたインコ・オウムに見る命名のしくみ

恰好の情報が日本に

特定のグループに属する何十種もの鳥と初めて出会ったとき、人間はどのように鳥に名をつけ、また、そうした鳥たちはどのような経過を経て最終的な種名の決定に至るのか？

なかなか難しい問いだが、幸いなことに、そうした疑問に答える恰好のデータが日本にはある。江戸時代に大量輸入されたインコやオウムが名づけられていく過程と、その後の名の変遷が、そうした事情を知るためのよい資料となるからだ。

清少納言の随筆『枕草子』や藤原定家の日記『明月記』の中の記述などから、日本人の知識階層は、かなり古くからオウムやインコという鳥グループの存在とその特徴を十分に理解していたことがわかる。

ちなみに名前として古いのは「鸚鵡《おうむ》」の方で、平安時代までは「あふむ」や「あうむ」などと呼ばれていた。「鸚哥《いんこ》」やそれに類する名が記録に登場するのは鎌倉時代からで、『明月記』などに初期の表現が見える。

和歌の技法をきっかけに始まる「おうむ返し」も歴史が古く、鎌倉時代初期（十三世紀前半）に書かれた歌論書『八雲御抄《やくもみしょう》』（国宝・重要文化財）にはすでに、「おうむ返し」の解説があった。

オウムやインコはこんなふうによく知られていたため、日本人が初めて見るオウムやインコが長崎に渡来し、係の者の目に触れた際も、身体の特徴からそれが「オウム・インコ類」であることが瞬時に理解できた。

そして、その場で仮の名がつけられ、幕府から派遣された御用絵師の手で記録絵が遺された。シーボルトの絵師もつとめた川原慶賀などが、そうした任を担っていた。

羽毛色による命名

鳥類目録に載る現在の正式な名称からもその事実が確認できるように、インコやオウムの命名の際に利用された情報は、色、出身地、嘴の大きさ、他の鳥とはちがう習性などだった。

インコやオウムが渡来して、その姿を目にした際、役人や絵師が最初に強く印象づけられたのが色だった。特にインコには熱帯に生息するものも多く、赤や青、紫、緑など、日本の鳥以上に色鮮やかなものが多かったためである。

赤い羽毛のインコは、紅インコ、猩々インコ、緋インコなどの名がつけられることになった。幸い日本語には、赤系を示す色の名は多く、使い分けには困らなかった。ただし、「赤インコ」という表記は、著者の知るかぎり江戸時代に使われたことはなかった。

輸入された赤系のインコは、管理する者を困らせるほどに種類が多かった。今の時代の愛鳥家でも、インコに詳しくないとその見分けは難しいが、江戸時代の長崎の担当役人には、どれがどの種かぜんぜんわからない、というのが正直な気持ちだったかもしれない。

そうした混乱を象徴するように、「ひいんこ」と記された絵の中には、確かに現在のヒインコがいる一方で、ショウジョウインコにしか見えない鳥もいる。逆に、「猩々いんこ」と銘されているものにも、現在のショウジョウインコがいる一方、近縁のルイチガイショウジョウインコやヒインコの姿があった。

ルイチガイショウジョウインコ
（梅園禽譜）

なお、当時の図譜の絵の注釈から推察すると、赤系インコは初渡来時に、まず「紅インコ」と記されることも多かったように見える。ショウジョウインコ、ルイチガイショウジョウインコのほか、ズグロインコやヤクシャインコ、オオハナインコのメス、コムラサキインコなどにも、「べにいんこ」と記された例がある。

幕府の担当者が知っている「ひいん

こ」や「猩々いんこ」に当てはまらない赤系の鳥が来てしまったとき、ひとまず（仮）のかたちで「べにいんこ」という仮称をつけておこうと考えた人物もいたのではないだろうか——。

どうみても近いが、細かい点で微妙にちがっている鳥には「類違《るいちがい》」の名が冠された。この命名もまた、ルイチガイショウジョウインコなどの名で現在に残っている。のちにアオスジヒインコに分類された当時の鳥の絵にも、「小型類違紅音呼」の名がつけられていた。

江戸時代において、鳥は二百年以上にわたって輸入され続けたが、しっかりとした図鑑のない時代であり、過去に日本に入ってきた鳥の把握も十分にはできなかったため、同じ鳥にちがう名前がつけられることも少なくなかった。複数の絵を眺めつつ、鳥名の固定作業を進めていた当時の本草学者を大いに悩ませたことは想像に難くない。

なお、こうした色による命名にはちょっとした弊害もあった。それは、オオハナインコなど、雌雄で色のちがう鳥のオス・メスを別種としてしまったことだ。

また、日本では伝統的に緑色に対して「青」という表現が使われることもあり、その流れを受けて緑色のインコを青インコと呼ぶ例もあった。

青インコの読みは基本としては「あをいんこ」だが、「せいいんこ」と呼ばれることもあったようである。緑系のインコであるダルマインコの絵にも、「あおのはいんこ（＝青の葉いんこ）」という名が記された例があった。

色柄、色彩バランスからの命名

ダルマインコは、嘴の下部から喉、顎にかけて黒い羽毛があり、両眼の目元から嘴上部を通る黒い線状の羽毛と合わせた正面顔が髭のある達磨大師と似ていたことから「達磨インコ」と呼ばれるようになった。緑色の羽毛から「緑鸚鵡」という名が記された絵も残る。

赤、黒、緑、黄色などのカラフルな羽毛をもっていたことから、図譜の絵に「五色音呼」と記されたのは「オトメズグロインコ（乙女頭黒音呼）」。「ゴシキセイガイインコ（五色青海音呼）」の名の由来も、江戸時代に遡る。

ヤクシャインコ（外国珍禽異鳥図）

現在まで残る興味深い名前の筆頭は、なんといってもヤクシャインコ（役者音呼）だろう。ヒインコの仲間だが、このインコの顔には目を通るように黒い羽毛のラインがあった。その顔が隈取りを施した歌舞伎役者に似ていたがゆえにこの名がついた。これもまた、時代を反映した命名といえる。

特徴ある頭頂部の羽毛色も鳥の命名に影響を与えたようで、頭頂部が黒いインコは「ズグロインコ（頭黒インコ）」や「クロカミインコ（黒髪インコ）」と呼ばれ、頭部の広い領域に黄色い羽毛があったインコは「黄頭《きがしら》」の名がつけられた。いずれも現代に残る名称である。

中南米系のボウシインコは江戸時代にも日本に来ていたが、ボウシインコの名が定着するのは、帽子をかぶるファッションが日本でも流行し始めた明治・大正以降となる。江戸時代はまだ、「黄頭青音呼」などと呼ばれた。

嘴、習性による分類

羽毛の色とともに注目されたのが嘴である。ほかの種よりも大きな嘴は、そのグループの鳥の中で特に目立ち、そんな嘴が「曲った大きな鼻」を連想させたことで、「大きな嘴→大きな鼻」というイメージから、オオハナインコにはこの名がついたとされる。

なお、背中や翼が紫から青、胸から上が鮮やかな緋色であるオオハナインコのメスは、あでやかな南国の花に例えられて「大花インコ」と呼ばれ、それが名として定着したという説もある。

鳥種によっては、亜種で嘴の色がちがうものもあった。一般的に、嘴の略称は「はし」。赤い嘴は「朱嘴《しゅばし》」、黒い嘴は「鉄嘴《てつはし》」と呼ばれることがあり、その呼び方も現在まで残っている。ちなみにオオハナインコのメスが光沢のある黒い嘴をもっていたことから、「てつはしいんこ」と呼ばれた記録もある。

現在、サトウチョウの名で知られるインコは、江戸時代、「さとうとり」、「さとうてう（さとうちょう）」、「倒挂《とうけい／たんくわ》」という名で呼ばれていた。「さとうとり」を漢字で書くと「砂糖鳥」で、砂糖水など甘いものを食べさせて飼育したことに由来し、それがそのまま現在の名称へとつながっている。また、サトウチョウには、ぶら下がるようにとまり木に逆さまにつかまる習性があり、そこから「倒挂」の名がついた。サトウチョウは江戸時代に日本に渡来した最小クラスのインコで、スズメほどの大きさの鳥だった。

出身地が名称に

江戸時代、赤や青や緑色をした「冠羽のない小型から中型の鳥」がインコと呼ばれ、冠羽のある白系の大型の鳥を「あうむ（オウム）」と呼ぶことも増えて、「しろあうむ（白オウム）」の名が定着した。現在の名前の基盤となるオウム・インコの見分けのルールを、ここに見る。

同時期に、白系オウムの呼び名として、「巴旦《ばたん》」という名も定着する。現在、白系オウムには、基本的に、オオバタン、コバタン、キバタンなど、「ばたん」の名がつけられているが、これもまた、江戸時代の名称の名残である。

江戸時代、ジャワ島などのインドネシアの島々はオランダ領であり、現在はジャカルタ市となっている都市は、「バタヴィア」と呼ばれていた。これらの鳥はバタヴィア、もしくはバンタムの港やパダンの港から日本に向けて送り出されたことから、バタンの名がつけられたと考えられている。

現在の人気インコの渡来は明治以降

現在も東京・神奈川を中心に世間をにぎわせている外来鳥のワカケホンセイインコ。ホンセイインコの亜種であるワカケホンセイインコの公式な初渡来は明治時代になる。

オカメインコやセキセイインコ、ボタンインコ、コザクラインコなどの渡来も明治時代以降で、江戸時代の日本にはいなかった鳥たちだ。彼らの発見が遅かったこと、ヨーロッパ人が飼育を始めたタイミングがほかのオウムやインコよりも遅れたことなどが、江戸期に渡来しなかった理由とされる。

なお、私的には、江戸時代の絵師が描いたオカメインコやセキセイインコの絵を見てみたかったと思うところもある。

オカメインコ

第四章　さえずる鳥と音楽

1　歌や言語の始まりと鳥の存在

言語の始まりと古代の歌

先にも解説したように、人類が文化・文明をもち始める以前から、鳥は暮らしのそばにあって、その声を人々の耳に届けていた。古代において鳥は、夜明けを告げる者であり、季節の訪れや、そのうつろいを教えてくれる重要な存在でもあった。

鳥を神に近い存在と見なす思想は世界の各地にあった。弥生時代の日本において、一部の宗教的指導者が鳥の姿をまねる「鳥装」を行ったのも、より神に近づくためであり、一般人とはちがう存在であることを強く人々に示すためだったと考えられている。

だが、衣装――「装い」だけだろうか？

彼らは、声やさえずりもまねてはいなかっただろうか。鳥の声に似た音を一定のメロディに乗せ、「歌」のようなかたちで口ずさんではいなかっただろうか?

かたちをもたない「声」や「歌」は遺物として残らない。ゆえに、人類の歴史の黎明期にあった音楽や歌を直接的に知るすべはない。それでも、文明社会から隔絶された環境において、古代からの生き方を数千年間も継続してきた民族や、近い時代までそうした暮らしをしていた民族の生活を知るという文化人類学的アプローチから、私たちの祖先はおそらくそうしたことも行っていただろうと推察されている。

一方で、「歌」が「言語」よりも先にあった可能性も指摘される。

明確な言語をもたなかった時代においては、連続する特定の「音の響き」としての声を連ね、そうした声に抑揚をもたせたものを使って仲間に情報や感情を伝えたと推察されている。

そのフレーズに含まれる特定の響きをもった「ある部分」が「もの」の名称として固定されたり、動詞に相当するような「特定の行動を示す響きの部分」が固定化されていった結果、初期の言語が生まれたとする説がある。これは、人類の言語獲得に関心をもつ脳科学者や言語学者も注目する説だ。

奇しくも、一部の鳴禽類のさえずりの中には広い意味での「文法」のようなものがあり、そうしたさえずりを操って仲間に求愛などの意思を伝えていると考えられるという論文が、動物の心理や脳を研究する専門家から複数出されており、こうした鳴禽との共通点から、人間の言語獲得の歴史や言語学習についての理解が深められる可能性も指摘されている。

鳥の脳機能の研究を行い、そこから言語の起源を探る研究を進めている東京大学の岡ノ谷一夫も、複数の著作でこうした説を主張している。

音楽は常に人間とともに

古代から現代に至るまで、音楽は、常にそれぞれの民族の内にあった。

「音楽」というと、西洋音楽やその基盤を利用したものがよくイメージされるが、西洋音楽が生活の中に浸透したのは、人類史から見ればごく最近、この数百年のこととなる。

地上において、西洋音楽とは縁遠い生活を送る民族もまだまだ多い。また、西洋音楽が広く世を席巻する以前も、それぞれの国や民族の中で、民族音楽ほかのかたちを取って、さまざまな音楽が演奏され、歌い継がれてきたのも確かな事実である。

舟で魚を追いながら、畑を耕しながら、機《はた》を織りながら、祭りの準備をしながらなど、仕事や生活の中で自然と歌は生まれた。

文明の初期に人間がつくった歌の中には、飛行する鳥への憧れを歌ったものに加えて、鳥のさえずりを模したものや、鳥の声からなにかしらのヒントを得てつくられたものも、おそらくあっただろう。

「美」に敏感で「学び」に貪欲だった人々の中には、鳥の歌の中に美しさと技巧を感じ、それを自分のものにしたいと願った者もおそらくいただろうから。

一方、語り部などによって何百年間も語り継がれた、それぞれの民族の神話、説話なども、一定の節のもとで語られ、次代の語り部は先代の語りを聞いて覚えていったという事実がある。ただ物語を暗記、暗唱するよりも、抑揚やリズムを加えて音楽的に表現されたものの方が、覚えやすく記憶に残りやすいという利点があることに早くから気づかれていたためだ。

「鳥」を歌う最古の音楽

大衆文化も含めたさまざまな文化に関して、古い時代から多方面の記録が残り、参照しやすいのは、なんといってもヨーロッパ圏である。それは音楽に関しても例外ではない。歌詞などの文字情報だけでなく、当時の記譜法による譜（楽譜／譜面）が残っているケースもある。ヨーロッパにおいては、音楽の歴史――音楽史の研究も長い積み重ねがある。そこから得られる恩恵も実は大きい。

たとえば、十一世紀末から十三世紀にかけて、騎士道や宮廷での恋愛模様を叙情詩として歌いながらヨーロッパを遍歴した南フランスのトルバドゥールや北フランスのトルヴェール、ドイツ語圏のミンネジンガーなどの吟遊詩人の作品の中に、鳥について歌った作品を見つけることができる。

ジョフレ・リュデルやベルナール・ド・ヴァンタドゥールといった人物がトルバドゥールの著名人として挙げられるが、彼らは小鳥一般のほか、サヨナキドリ（ナイチンゲール）やヒバリなどの特定の鳥の名を挙げて、春や夏という季節を歌いあげていた。

「鳥」を歌う作品の文字記録としては、おそらくこのあたりが最古となるはずだ。

そこから現代に至るまで、鳥のことを歌った曲、鳥を主題とする音楽は、増減はあるが途切れずに創作され続けている。そして、現代も使われる記譜法が確立され、西洋音楽が発展していく中で、特定の楽器によって鳥のさえずりを模した曲もつくられるようになっていく。

2　音楽と楽譜の歴史

現代に繋がる音楽は古代ギリシアが起源

科学や哲学と並んで、音楽や芸術の起源も古代ギリシアに遡るといわれている。

もちろん、それ以前に栄えた国家、たとえば古代エジプトやメソポタミアの国家群にも音楽や芸術は存在していた。紀元前三五〇〇年から三一〇〇年ごろに、メソポタミアのウルクなどの地

シャヴァンヌ『諸芸術とミューズたちの集う聖なる森』
（1884～1889年頃、シカゴ美術館蔵）

太陽神アポロン

セイレーン像
（紀元前330年頃、アテネ国立考古学博物館蔵）

に都市文明を築いたシュメール人の音楽には、音階も存在していたことがわかっている。
だが、古代のギリシアには、のちの西洋音楽にもしっかりとつながる音楽理論や音階があった。初めて譜のかたちで「音楽」が記録され、それをもとに演奏が行われたのが古代のギリシアだったという事実もある。

英語の「music」、フランス語の「musique」など、ヨーロッパ言語における音楽を意味する単語は、ギリシア神話の主神ゼウスの娘（※異説もある）である「Musa（ムーサ）」から来ている。「Musa」の英語名やフランス語名は「muse（ミューズ）」。こちらの名は、アニメを含めたさまざまな作品を通して、日本人のあいだにもよく浸透している。

ミューズを九柱の女神としたのは紀元前八世紀の詩人ヘシオドスだった。女神には、叙情詩、合唱、独唱などの担当分野が割り当てられ、笛や竪琴がその持ち物とされたほか、歴史や天文、悲劇、喜劇、讃歌・物語を担当する女神もいて、広く学芸を司った。

なお、太陽神アポロンも音楽や詩歌などの芸術の神であり、ギリシア神話の中では竪琴を発明した神と位置づけられている。

加えて、ギリシア神話には、「怪物」とされる者の中にも、「音楽」や「声」を道具、あるいは手段として操るものがいた。

上半身は人間、下半身は鳥で、背にも鳥の翼があった海の怪物セイレーンは、強い魅了の魔力を秘めた美声で人間を海へと誘い、喰らったという。ただし後世においては、下半身を魚の姿で

――すなわち人魚として描かれることが増える。

森や野に響いた美しい鳥のさえずりは、しばしば人間の足を止めた。声として発せられた「歌」、あるいは「声」そのものが人間を強く惹きつける可能性があることを「鳥」の怪物であるセイレーンがあらためて示したことには大きな意味があると考えている。

セイレーンという存在は、神話の当時からすでに声や歌がもつ魅力に関心がもたれていたことを示唆するが、同時にその伝説は、音楽がもつ「魅了」の可能性をも暗示していたと考えることができる。

「音楽」を情報化した「楽譜」

神話の時代を過ぎ、文明を手に入れたギリシアの人々は、貴族も平民も音楽を楽しんだ。演奏者が奏でる音楽を聴くにとどまらず、みずから演奏したり歌ったりした者も多かった。音楽を「学ぶ」ことも重視された。

そんな社会で「楽譜」が発明されたのも、自然なことだったのかもしれない。

旋律や節、リズムなどの曲の情報を記号や符号によって書き記したものを「楽譜」と呼ぶが、人類が生み出した楽譜において、詳細が判明しているものの中で最古とされるのが古代ギリシアの「文字譜」だ。音の高さを示す文字が歌詞の上に記されたことが、その名の由来である。

古代ギリシア式の記譜法で書かれた現存する最古の楽譜は、紀元前三世紀のものとなる。なお、古代バビロニアにはさらに五百年も遡る楽譜が存在するが、残念ながら、こちらの解読はまだ進んでいない。

ギリシアの音楽は、それ以前に栄えた古代エジプトや、シュメール、アッシリア、古代バビロニアといったメソポタミア諸国、パレスチナの古代国家の影響を受けて発展してきた。ギリシアで使われた楽器は、ここに挙げた諸国から受け継がれたものも多い。発明された文字譜も、ギリシアが単独で生み出したというより、それ以前に存在した音楽の集大成としての、ひとつのかたちだったと考えるのが自然であるように思う。

余談になるが、ユーラシアの反対側、古代のアジアにも楽譜と呼ばれるものが存在した。

およそ千四百年前に朝鮮半島を経由して日本に入ってきた、中国や朝鮮半島などに存在していたアジアの古い音楽は、「雅楽」という名で今に伝えられている。その音楽は大陸では廃れてしまったが、日本においては大きく変化することなく千数百年ものあいだ残り続けたといわれる。つまり雅楽は、千四百年前の音楽とその奏法を今に伝えている存在とみることもできる。

その当時の琵琶用の楽譜「天平琵琶譜：番假宗《ばんかそう》」が、今も国宝として正倉院の宝物の中に残されている。これが日本における最古の楽譜である。

その譜面をもとに演奏された曲はＣＤとなっていて、現在も耳にすることが可能だ。

鳥のさえずりを音楽に取り入れることも可能に

古代ギリシアに起源をもち、中世〜近世ヨーロッパで熟成された記譜法にもとづいた西洋音楽の楽譜の完成は、鳥のさえずりと音楽との関係を大きく近づけるものとなった。

西洋音楽の譜面においては、鳥のさえずりを、人間が奏でる音楽が記された五線譜上に書き加えることが可能で、鳥が発声する音域と重なり、その音色に近い音が出せる楽器を使って音を再現することで、音楽の中に鳥のさえずりを織り込むことができるようになったからである。

3　鳥の「声」に着目した西洋音楽

鳥のさえずりの声楽作品への取り込み

鳥の鳴き声を模倣し、音として模写してみせた最古の作品のひとつに挙げられるのが、十四世紀後半のフランドルの作曲家にしてハープ奏者、ジャコブ・ド・サンレーシュの『このうららかな美しい季節に』だ。

その後、ルネサンス期の十六世紀、フランスにクレマン・ジャヌカンという作曲家が登場する。

ジャヌカンはシャンソンの創始者のひとりとしても知られる人物である。ジャヌカンの代表作とされるシャンソン『鳥の歌』には、歌詞中に、ワキアカツグミ、ホシムクドリ、サヨナキドリ、カッコウといった鳥が登場し、それらの鳥のさえずりを模した声がハーモニーをつくる。鳥たちが特徴ある声で掛け合いをしているようにも聞こえ、とても興味深い。なお、ジャヌカンはこのほかにも、『ひばりの歌』、『ナイチンゲールの歌』と題された歌曲を残している。

イタリア発祥の世俗歌曲「マドリガーレ」の中にも鳥をモチーフにした作品が複数残る。マドリガーレには恋愛の詩のほか、牧歌的な田園詩も多かったことから、自然の一部をなす鳥の姿やさえずりが曲中に織り込まれるのも自然なことだったようだ。

ルカ・マレンツィオ、クラウディオ・モンテヴェルディといった作曲家たちが、身のまわりの小鳥たちの声を曲に採用した。マレンツィオには『優雅な鳥のさえずり』、モンテヴェルディには『いともやさしきナイチンゲール』などの歌がある。

おなじ系統の音楽でも、イギリスのものは「マドリガル（イングリッシュ・マドリガル）」と分けて紹介されることが日本では多い。鳥のさえずりを織り込んだ曲をつくったこの時期のイングランドの作曲家として、トマス・ウィールクスの名を挙げることができる。

十六世紀〜十七世紀のマドリガーレ（マドリガル）の曲は、基本としては四〜六声（十四世紀のものは二〜三声）によるポリフォニー（多声音楽）であり、それゆえ幅のある音楽表現、感情表現がしやすかった事実がある。この時代のシャンソンも同様だった。

そうした構造が、複数の鳥のさえずりを模して重ね、空間に広げることで、野の雰囲気を表現することを可能にした。鳥のさえずりを作品表現に取り入れたい作曲家にとっては、うってつけの音楽といえた。

楽器による演奏表現としての鳥

器楽による鳥の表現は、声楽曲に遅れて、バロックの時代になってから見られるようになる。日本でもよく知られるヴァイオリン協奏曲『四季』を作曲したヴェネツィア出身の作曲家アントニオ・ヴィヴァルディは、フルート協奏曲の『ごしきひわ』を残した。『ごしきひわ』は、声や振る舞いなど、この鳥のイメージをうまく表現した、耳に心地よい一曲となっている。なお、ゴシキヒワは北欧を除いたヨーロッパ全土に分布する、欧州人にはよく知られた鳥である。

ヴィヴァルディの代表作である『四季』（ヴァイオリン協奏曲集『和声と創意への試み』の第一曲〜第四曲の総称）の『夏』にも、鳴き交わす鳥として、カッコウ、ゴシキヒワ、山バトといった鳥たちが当然のように登場している。

ヴィヴァルディと同時代に生きたフランスの作曲家フランソワ・クープランは、鳥をテーマにしたクラヴサン（＝ハープシコード）の曲を多数、作曲している。

ゴシキヒワ

『クラヴサン曲集　第二巻』に『さえずり』、『クラヴサン曲集　第三巻』には『お人よしのカッコウたち』、『恋のサヨナキドリ』（『恋のうぐいす』と記されることも多い）、『サヨナキドリのドゥーブル』、『怯えたヒワ』、『嘆きのホオジロ』、『勝ち誇るサヨナキドリ』などの曲がある。

同時代にほかの作曲家によってつくられたクラヴサン曲にも、『めんどり』、『かっこう』、『つばめ』、『ひばりの歌』などがあった。鳥をテーマにしたり、表現として取り上げたい作曲家が多かったと考えることもできそうだ。

ドイツ出身でイギリスで活躍した作曲家ヘンデルは、『オルガン協奏曲　第二集』の中に、『かっこうとナイチンゲール』という作品を残している。タイトルにあがる二種の鳥が、さえずりを模した旋律によって絡み合う逸品となっている。

少し時代が進んだ、ベートーヴェンの交響曲第六番『田園』では、第二楽章「小川のほとりの情景」において、サヨナキドリとウズラとカッコウの声が採譜され、それぞれフルート、オーボエ、クラリネットによって表現された。自身が愛した田園を、若いころにそこで感じた幸福感も込めつつ描き出した作品と評される曲だが、そこにもやはり、鳥の存在が不可欠だったようだ。

サヨナキドリ≠ウグイス

サヨナキドリ（ナイチンゲール）もヨーロッパの人々にとって、とても身近な鳥であり、文学や音楽に登場することも非常に多い。そのため、この鳥については少し解説を加えておく必要がありそうだ。

まず、サヨナキドリ（小夜啼鳥）と日本のウグイスはまったく別種の鳥である。ウグイスにも似るが、ウグイスがウグイス科なのに対し、サヨナキドリはヒタキ科の鳥。また、ウグイスよりも声量があり、さえずる音域も広い。そして、人間が美麗に感じられる上手さと柔らかさをもって鳴く。とはいえ、両者がともに声を愛されてきた鳥であることもまた事実である。ウグイスが日本三名鳥の一角をなすのと同様、サヨナキドリもまたヨーロッパの三名鳥の一種として名が知られている。

サヨナキドリは昼間だけでなく夜にも鳴く。日が暮れて暗くなった時間帯や、未明から明け方の薄暗い時間にその声を聞くこともある。

しかも、夜に鳴く鳥の多くが、どちらかといえば遠慮がちに鳴くのに対し、サヨナキドリは昼なみに声を張り上げて鳴く。英名のナイチンゲール（Nightingale）はそうした習性から来た名だ。古英語では、「Nihtgale」。「夜（Niht）に、歌う人（gale）」が語源となる。「墓場鳥」という不名誉な呼び名ももつが、その命名もここに由来する。

この鳥が登場するアンデルセンらの童話が日本で最初に翻訳された際、「西洋のウグイス」の異名などから「うぐいす」とされたことで、以後、音楽や文学の世界においてヨナキウグイス（夜鳴鶯）などの呼び名が定着してしまった。夜うぐいす、とされることも多い。

グリム童話に『夜うぐいすとめくらとかげの話』という作品があり、アンデルセンには『小夜啼鳥（小夜啼鳥と中国の皇帝）』という創作童話がある。後者は、中国の宮廷が舞台で、生きたサヨナキドリと日本製の絡操《からくり》仕掛けのサヨナキドリ、中国の皇帝の三者が織りなす物語となっている。

バレエ作品の『火の鳥』で知られるロシアの作曲家ストラヴィンスキーは、この小説を『夜鳴きうぐいす』という名の三幕のオペラに仕立てた。さらにそのオペラを自身で再構成した『ナイチンゲールの歌（うぐいすの歌）』という交響詩も残している。

ちなみに『火の鳥』はロシアの二つの民話を組み合わせてつくられた作品で、エジプトに源流をもつ不死鳥フェニックスとも、中国の伝説の霊鳥、神獣である鳳凰《ほうおう》や朱雀《すざく》とも、直接の関係はない。だが、そうであったとしても、ストラヴィンスキーの『火の鳥』もまた、鳥がテーマの作品であることに変わりはない。

ストラヴィンスキーの師匠すじにあたる作曲家リムスキー＝コルサコフも、『金鶏』というオペラ作品を残している。タイトルにもなった金鶏は、星占い師が王に献上した「先にある危機を予見し、危機が近づくとそれを教えてくれる存在」だという鳥。その鳥に振り回される王や廷臣の姿を描いた。

なお、最近になり、文学の世界では、より正確に伝えるために、タイトルを正しい名称に戻す動きも見られるようになってきた。サヨナキドリもしくは英語読みであるナイチンゲールと鳥名を修正した例もある。

だが、作品名として定着した名称の変更は、実際にはなかなか難しいこともあり、音楽の世界ではいまだに古い呼び名が使われる傾向が強い。本来クロウタドリとすべきところを、いまだに「黒つぐみ」と記しているのも同様である。

鳥と人間の可聴範囲と発声範囲

小鳥類やニワトリなどの家禽の耳は、人間を超える可聴域をもっていない。上限が近い一方、人間が聞いている低音域の下限のあたりはほぼ聞こえないので、可聴域は事実上、人間よりも狭い。もちろん人間と同様、鳥の耳にも、イヌやネコが聞いている超音波は聞こえていない。

鳥は求愛やナワバリの主張に声やさえずりを使っているが、同種や近縁種に主張するにあたり、「聞こえない」音域の声を使ってもまったく意味がない。ゆえに鳥の声、さえずりは、おたがいが聞こえる範囲の周波数の音を使う。

体の構造上、鳥は低い声を発することができない。出せたとしても相手には聞こえないので、無意味でもある。鳥の声には倍音の成分も含まれているため、四千ヘルツから八千ヘルツ、一万ヘルツを超える領域の音も成分としてあるが、ふだん鳥たちが利用する音域は、ほとんどがピアノの高音寄りの三分の二ほどの領域となる。

ここまで紹介してきた例と、このあとに紹介する例から、西洋の音楽においてよく採用された鳥は、サヨナキドリ（ナイチンゲール）、ゴシキヒワ、クロウタドリ、カッコウ、ツグミ、ヒバリ、ウズラ、野山のハト類、アヒル、カナリアなどであることがわかる。

個体差もあるので完全ではないが、鳥たちのさえずる声は、だいたい以下のようになる。

◎カッコウの　カッ（F5〜A5）　コー（D5〜E5）
◎キジバトの　ポッポー（G4）
◎サヨナキドリのさえずり（E4〜E5）
◎シジュウカラのさえずり（A7）※中心
◎メジロのさえずり（C8）※中心

一般的な小鳥類の高音のさえずりはC7以上。そのあたりを中心に、二オクターブ以上の幅でさえずる鳥も少なくない。四千ヘルツ以上の声でさえずる一部の鳥には届かないが、ピッコロの音は、高音を響かせてさえずる小鳥たちの声の音域とよく重なる。

サヨナキドリなど、ヨーロッパの人々にとってより身近な鳥のさえずりに音域的にぴったり重なるのはフルート。それゆえ、ベートーヴェンの『田園』でも、プロコフィエフの『ピーターと狼』でも、小鳥の声がフルートに割り当てられていた。

古来より、女性の歌声が鳥の声に例えられることも多いが、女性は小鳥類と近い音域で発声しているという事実がある。逆に男性の声は、一般的な鳥たちがさえずる音域よりもかなり低い。女性の声の方が男性よりも鳥に好まれる傾向があり、男性は声よりもより高音が出る口笛の方が鳥に好まれる傾向があったが、それは自分たちの声により近い音域を好むという点において、理にかなったものだった。

鳥の音楽の集大成ともいえる『鳥のカタログ』

採譜された鳥のさえずりが音楽として表現された作品のひとつの集大成と目されるのが、フランスの現代音楽作曲家オリビエ・メシアンのピアノ独奏曲集『鳥のカタログ』である。その総演奏時間は約三時間半。壮大なスケールとなっている。

ヨーロッパコマドリ

なおメシアンは、音楽家としてだけでなく、世界をまわって鳥のさえずりを採譜した鳥類学者としても、その業績が高く評価されている。

『鳥のカタログ』は全七巻十三曲で構成され、曲にはそれぞれ表題として、『キバシガラス』、『キガシラコウライウグイス』、『イソヒヨドリ』などの鳥の名前がつけられている。さらに、それぞれの曲の内部には、ほかの鳥のさえずりや飛翔のイメージが織り込まれている。たとえば、一番の『キバシガラス』には表題の鳥に加えてワタリガラスが登場する。

二番の『キガシラコウライウグイス』には、キガシラコウライウグイスのほかに、シロビタイジョウビタキ、ミソサザイ、ヨーロッパコマドリ、クロウタドリ、ウタツグミ、ニワムシクイ、ズアオアトリといった鳥たちが登場する。

三番以降も、非常に多くの鳥のさえずりが音楽

クロウタドリ

として表現される。すべて、メシアン自身がフランス中を歩き、声を採譜したものがベースとなっている。それを余すことなく有効に見せながら、この作品は表現されている。

　時間をかけて鳥たちと向き合うことで、メシアンはさえずるのは基本的にオスであること、さえずりにはおもに三種類あることにあらためて気づく。なわばりの主張、メスへの求愛、そして、一日の始まりをつげるもの。この三種だと。

　それを織り込み、『鳥のカタログ』は完成した。なお、メシアンはほかに『鳥たちの目覚め』、『異国の鳥たち』といったピアノと管弦楽のための作品や、『クロウタドリ（黒つぐみ）』というピアノとフルートのための作品を残したほか、ピアノ曲では『庭のほおじろ』、『鳥の小スケッチ』といった作品も残している。

4 西洋音楽における鳥の採用と音楽家の鳥飼育

鳥の名を冠する作品

ここまで、直接的に鳥がかかわる音楽作品を紹介してきたが、作品タイトルや楽章のタイトルに鳥の名がつけられた作品は、挙げたものにとどまらず、非常に多い。それは、裏返すと、そこに名が挙がる鳥たちが、ヨーロッパの人々にとってとても身近な存在だったことを意味する。

日本と同様、ヨーロッパにおいてもヒバリは「春を告げる鳥」だったことから、ハイドンの弦楽四重奏曲第六十七番にはタイトルとして『ひばり』という名がつけられていた。チャイコフスキーがロシアの十二カ月をイメージし、ピアノ曲として書き上げた『四季』の三月にも『ひばりの歌』がある。

また、ヒバリには「だれよりも高い空をめざす者」というイメージもあった。

十九世紀末から二十世紀にかけて活躍したイギリスの作曲家レイフ・ヴォーン・ウイリアムズも、ヴァイオリンとオーケストラのための作品『舞い上がるひばり（揚げひばり）』を残している。文字どおり、ヒバリの飛翔する姿をモチーフに生み出されたもの。曲がもつ牧歌的な雰囲気が好まれ、現代も好んで演奏される作品となっている。

鳥名が曲の愛称となった作品たち

モーツァルトのミサ曲『ミサ・ブレヴィス　ハ長調』は、『雀ミサ／雀のミサ』という愛称をもつ。全体が六曲構成となっているこの曲の第四曲「サンクトゥス」と、第五曲「ベネディクトゥス」の後半、ヴァイオリンで奏でられる高音部に、鳥のさえずりを彷彿とさせる部分があったためだ。しかしながら、モーツァルト自身がその名をつけたわけではない。

同様に、ハイドンの交響曲第八十三番は『雌鳥《めんどり》』の名で知られるが、この作品もハイドン自身の命名ではなく、第一楽章の第二主題の演奏を聞いた者が、「にわとりの鳴き声に似ている」と主張したことからついた愛称である。同じくハイドンの弦楽四重奏曲第三十九番も『鳥』という名前で知られるが、こちらも本人の命名ではなかった。

こうした愛称の例まで含めてしまうと、枚挙に暇《いとま》がなくなってしまうので、愛称例の紹介はこのあたりで切り上げたい。

飼育鳥と音楽との関わり

古代ローマ以降、鳥は王侯貴族など支配者階層を中心に飼育され続けてきたが、近世になると鳥の飼育は庶民層へも深く浸透していく。十五世紀以降、ウソ、サヨナキドリ、カナリアなど、さまざまな鳥が飼育された。

みずからも鳥を飼って慈しんだ音楽家も多い。

だが、それを流行などと、簡単に決めつけることはできない。きっかけは、インスピレーション、あるいはちょっとした耳への刺激を求めてのことだったかもしれないが、やがてそれは深い愛情へと変わり、自身がつくる音楽にも少なからぬ影響を与えるようになったようだ。多くの音楽家が、愛鳥を失ったときに心に大きな傷を負っている事実もある。

十四世紀から十五世紀に、大西洋沖のカナリア諸島および周辺の島で発見され、ヨーロッパに持ち込まれたカナリアは、瞬く間に飼い鳥として定着し、品種改良も重ねられて、十七世紀にはヨーロッパ各地でさかんに飼育されるようになる。

日本の音楽教育において「音楽の父」とも称されるJ・S・バッハの友人にして、後期バロック音楽を代表するドイツの作曲家テレマン（テーレマン）もまたカナリアを飼い、愛情を注いでいた人物の一人だった。

そのカナリアがある日、ネコに襲われ、痛ましい死をとげる。その悲しみと哀悼の気持ちを、テレマンは器楽伴奏つきの声楽曲であるカンタータにした。タイトルは、そのままずばり『カナリア』。「芸術に熟達したカナリアのための葬送の音楽（名歌手カナリアへの葬送の曲）」と訳されることもあるこの曲は、『カナリア・カンタータ』とも呼ばれる。

『小鳥愛好家の楽しみ』
ここには、ウソ、モリヒバリ、ムネアカヒワ、ヒバリ、サヨナキドリ、ホシムクドリ、イエスズメ、ウタツグミ、カナリア、シキチョウ、ヨウムへの曲が掲載されている。だが、表紙に名前はあるものの、クロウタドリに向けた曲は掲載されていない。

始まりの「ああ悲しいかな、私のカナリアが死んでしまった」というアリアからすでに、彼の胸の痛みと慟哭が感じられる。音楽だけのファンからはよく理解できないという評も聞こえてくるが、自身の愛鳥を失った気持ちに決着をつけるために作品をつくってしまう衝動は、音楽に関わり、同時に動物を飼育する人間には、「あり」だと強く感じられる。

一七一七年には、『小鳥愛好家の楽しみ（*The Bird Fancyer's Delight*）』と題される楽譜がロンドンで出版されている。

ヨーロッパにおいては、古くはシェイクスピア以前から、リコーダーを使って飼っている小鳥に曲を教える楽しみが存在していたが、この楽譜は、小鳥がさえずる音域を意識して、その鳥が覚えやすい曲をどうやって教えたらいいのか伝える教本として書かれたもの。イエスズメ、ヨウム、ホシムクドリ、ヒバリ、カナリア、ウソなどに向けた曲が、そこには収録されていた。掲載された曲のすべてが、挙げられた鳥の学びにおいて適正なものだったか疑問も示されているが、少なくともウソとカナリアについては、よい教本になっていたようである。

このようにこの時代のヨーロッパには、「ともに暮らす鳥とともに音楽を楽しむ文化」も存在していたのである。

モーツァルト宅のホシムクドリ

音楽家はよく、王や貴族の城や屋敷に招かれて演奏をした。そこで鳥を見たり、直接接したことで、同じように鳥を飼育したいと願うようになることもあったのだろう。

そんな音楽家たちに鳥を供給したのは、町の鳥屋や鳥も扱うペットショップであり、店に鳥を卸したのは鳥を捕獲する専門職である「鳥刺」だった。鳥刺は、日本でもヨーロッパでも、古くから職業として確立されていたことがわかっている。

なお、ヨーロッパの鳥刺は、ただ捕まえた鳥を売るだけでなく、捕獲した幼鳥を人間に懐かせるように育て、さらに音楽教育を施してから売るケースもあった。そうした付加価値をつけることで、非常に高く売ることができたらしい。

大衆歌劇の作品としてモーツァルトが作曲した『魔笛』の中心人物であり、道化的な役割も果たすパパゲーノは、鳥刺を生業にした者として描かれる。また彼は、笛を使って、鳥に音楽を教えることも行っていた。

さらに、パパゲーノは『魔笛』の中、全身に羽毛を纏った「鳥装」で登場する。それは、鳥への近さの強調と解釈されるが、同時にパパゲーノには音楽的な才能に恵まれていたという設定もあった。鳥と暮らす人間の目で見ると、確かに演出された彼の性格や行動には、鳥に近いものも感じられ、そこに意外な親近感も湧いてくる。

パパゲーノを演じた役者にして劇場支配人のエマヌエル・シカネーダーのイラスト

モーツァルトは、一七八四年の五月二十七日から三年と二カ月、一羽のホシムクドリと生活をともにしていた。それはちょうど、オペラ『フィガロの結婚』が誕生した時期と重なる。

わずか一カ月前に作曲したばかりで、まだ一度も演奏されたことのないピアノ協奏曲の主題そっくりな歌をウィーン市街のペットショップにいたホシムクドリがさえずってみせたという奇縁から、モーツァルトはその鳥を引き取り、自宅に連れ帰ったのだ。

ホシムクドリは日本でも見られるムクドリの仲間だが、声はずっといい。また、同じくムクドリ科のキュウカンチョウがそうするように、ヒナから育てると人間の言葉をおぼえ、人間のつくった音楽を音程確かにさえずることもできる。古代ローマにおいて、ユリウス・カエサルをはじめ、少なからぬ人間がホシムクドリを飼って言葉を教えていたと記す史料もある。

ときに十万羽を超える群れをつくることもあるホシムクドリは、ヨーロッパ人にとって、サヨナキドリなどと並ぶよく見かける種で、きわめて身近な鳥でもあった。

飼われたホシムクドリは、充実期のモーツァルトの傍らにあって、文字どおり愛玩された。だが、自宅での生活と音楽活動のすべてを見ていたはずのその鳥については情報が少なく、十分な注目もされてこなかった。

この点に注目し、その謎を解き明かそうとしたのがアメリカのナチュラリストにして作家のライアンダ・リン・ハウプトである。その慧眼による分析が、『モーツァルトのムクドリ』という書籍にまとめられている。

このホシムクドリは、モーツァルトの精神生活にも少なからぬ影響を与えたようだ。この鳥が死んだ際には、友人たちを招いて葬儀を行い、そこで哀悼の詩も朗読している。

ここに眠るいとしの道化——

家族のように暮らし、ときに心の支えにもなっていたであろうホシムクドリに、ヴォルフガング・アマデウス・モーツァルトが捧げた詩の冒頭は、そんな言葉で始まっていた。

第五章　鳥と暮らす、鳥を飼う

1　古代の鳥飼育と家禽化

一万年前に始まる鳥との暮らし

「人間は、いつから鳥と暮らしていたのか？」というのは、実はかなり難しい問いかけだ。

鳥を捕えて食べた証拠なら、はるかな古代――石器時代から無数にある。

鳥の骨は世界各地の貝塚や、それに相当する場所から見つかっていて、石器ナイフなどの道具で切られたり割られたりした痕跡が残る骨も多数、発見されている。専門家によって、「食された」と断定されたものも多い。

その後、ある時期から、人間の暮らしの中に「生きた鳥」が入り込むようになる。

そこでの人間と鳥との関係や、ともに暮らし始めた鳥を食べた実態は、少しずつ判明してきている。だが、同じ時期に鳥の飼育――、特に小鳥類の「愛玩」が行われていたどうかは、はっきりしない。愛玩の証拠は残りにくく、その事実を証明するのは、とても困難だからだ。証拠を見つけて実態を解明していくのは、鳥の文化誌研究における大きな課題となっている。

もっとも古い時期から人間と関係をもっていた鳥は、おそらくニワトリである。といっても始まりにおいて、その鳥はまだニワトリではなく、その前身の「赤色野鶏《せきしょくやけい》」だった。

赤色野鶏は、少なくとも一万年前から八千年前には人間とともにあった。つまり、出会いそのものはそれ以前に遡るということ。両者の関係が始まったのは、旧石器時代から新石器時代へと移る前後の、人類の定住化が進み始めたころと考えられている。

赤色野鶏がおなじ空間で人間と生活をともにするようになったプロセスについては諸説あるが、はっきりしているのは「家禽化」、すなわち「野鶏の家鶏《かけい》への変化」は突然起こったのではなく、かなりの時間をかけて行われたということである。

一般に、鳥が人間のもとに定着して家禽となるにあたっては、「半家禽化」と呼ばれる中間段階が存在する。完全に家禽化していないその時期に、人間のもとを離れて再野生化した鳥も少なからずいて、その子孫がふたたび家禽化される例もあった。完全に家禽となったあとで人間のもとを離れ、ふたたび野生に戻る例も、もちろんあった。

『鶏と人――民族生物学の視点から』において秋篠宮文仁は、赤色野鶏／ニワトリにおけるこの過程のことを、「ニワトリは行きつ戻りつ」と表現した。

放し飼いにされている神社のニワトリ

遺物から、今から八千年ほど前の東アジアの一部の村では、ニワトリが同じ場所で人間と暮らしていたことが確実になっている。だとしたら、この時代において、ニワトリと人間と、そのさらに前から人間とともにあった、オオカミの子孫であるイヌが共生した土地も、おそらくあったことだろう。

確実な鳥飼育は?

鳥を飼っていた証拠がはっきり残っているのは、紀元前二六〇〇年~紀元前一九〇〇年ごろに最盛期を迎えていたインダス文明である。その遺跡からは、鶏冠のついた鳥の頭部に見える像や、テラコッタ製の鳥籠などが発掘されている。

アンドリュー・ロウラーは、『ニワトリ　人類を変えた大いなる鳥』において、発掘された鳥籠とほぼ同じサイズの籠が、現在も地域的に近いパキスタンでウズラやヤマウズラを飼育するのに使われていると指摘する。

インダス文明で最大の都市だったモヘンジョ＝ダロからは、ニワトリを模《かたど》った印章が発掘された。また、男がニワトリと思しき鳥を脇に抱えている粘土像も出土している。この像は、ニワトリを闘鶏に送り出す現代のインド人男性の姿に酷似する。

同時代の遺物として見つかったニワトリの蹴爪《けづめ》などと合わせると、この時代にはすでに闘鶏が行われていたと考えてよさそうだというのが専門家の意見である。

モヘンジョ＝ダロやハラッパーなどの遺跡からは、食されたと思しきニワトリまたは赤色野鶏の骨も見つかっている。もとよりハラッパーの周辺は、現在の赤色野鶏の分布の西端でもある。当時の分布も今とおなじだったという確証はないが、少なくともそこが赤色野鶏が暮らす領域の近くであったことはまちがいない。

実は中国南部エリアでは、黄河文明・揚子江文明（長江文明）が起こる以前の、今から八千年ほど前の河北省と河南省の地層から、ニワトリまたは赤色野鶏の骨が出土している。そのため、中国でのニワトリ飼育は他地域よりも早かった可能性がある。これについては、赤色野鶏の生息地と近かったことが影響していると考えられている。

四大文明の中、赤色野鶏の分布地からもっとも遠いエジプトでは、ニワトリの定着はかなり遅かったようで、この地の文明の初期においてニワトリ飼育の証拠はほとんど見つけることができない。替わって、多くの証拠が残っているのがガチョウである。

古代エジプトにおいては、ニワトリが導入されるはるか以前からガン（ハイイロガン）が家禽化され、ガチョウが誕生していた。飛翔力を失くしたガチョウが、庭先の囲いの中で生活し、人々にとって身近な鳥となっていた事実がある。

一方、愛玩目的で飼育された鳥について、実態の解明が進んでいるのは古代のローマである。ローマが繁栄した時代から現代まで、途切れることなく鳥は娯楽や愛玩を目的に飼育され続けたことがわかっている。

三つの目的

あらためてまとめると、古代において鳥は、一、卵の利用を含む食用のため、二、愛玩のため、三、便利な道具として活用したり、占いや狩猟、祭祀等に利用するため、という三つの目的のために飼育・飼養されたと考えられる。

ハイイロガンや赤色野鶏の家禽化などが第一の例であり、古代ローマの貴族がクジャクを飼ったり、インコを飼って目や耳を楽しませ、さらには人間の言葉を覚えさせることを娯楽としたことなどが第二の例となる。カワラバトを伝書鳩化したことや、鵜飼、鷹狩り、闘鶏による占いなどが第三の例だ。

なお、ニワトリの飼育においては、闘鶏を通した「占い」など、食用以外にも広い活用があったことがわかっている。地域によっては、こちらを主目的に飼育が行われた事実もある。また、朝を告げる神聖な存在として、祭祀等に使われることも多かったようだ。

人類の文明化以前、鳥はおもに食料、タンパク源として注目されたことは事実であるが、今に残るさまざまな証拠を眺めると、文明が興って以降、特にその初期においては、先の三のような目的での飼育が多かったようにも見える。この点については、今後も検証を続けていきたい。

以後、さまざまな土地で、さまざまな鳥が飼育されて現代に至るわけだが、東京ディズニーランドやJR舞浜駅周辺のスズメ、高尾山のヤマガラ、ロンドンの公園のハトなど、人を恐れず、人の手からも直接ものを食べる野生の鳥がいるように、古い時代においては、籠などで囲い込むような飼育ではなく、もっとゆるやかな飼育も多かったと考えられている。

珍しい鳥や動物を異国から取り寄せた古代ローマの貴族や古代中国の皇帝は、ある意味、特殊な例で、古代において、一般の人々は、同じ生活空間で暮らすことで人間を信用するようになった「身近な鳥」と接点をもつことが多かった。

ハトが伝書鳩として活用されたのも、彼らが暮らしの点で人間と強い接点をもっていたことが大きい。日本人とスズメの関係も同様となる。

ペルーやチリの沿岸に暮らした人々には、海岸周辺に棲むフンボルトペンギンなどを半ペット化していた事実もある。アザラシなど、海中には恐ろしい敵が複数いるが、地上で暮らす人間はペンギンにとってそれほど怖い相手ではない。むしろ、自身と同じように直立して歩く人間は仲間のようにも思え、親近感をもつようだという声が、南極を中心にペンギンの撮影をしてきた専門家の中からも聞こえてくる。営巣地を失った南アフリカのケープペンギンが人間の家の庭や軒下で抱卵を始めた例も、それを印象づける。もともとペンギンは人間並みに好奇心が強い鳥だったこともあって、半ペット的な共生も行われたのだろう。

このように、警戒心があまり強くなかった鳥が人間と関係をもち、人間を利用して身の安全をはかったり、食べ物を確保するなどしてきた中で、愛玩などの鳥の飼育が起こった例も多かったのではないかと考えられている。

2　重要な鍵となるハトとニワトリ

カワラバトの改良

ドバトは、インド以西のユーラシア南部やアフリカ北部の乾燥地帯に生息していたカワラバトが家禽化されたものが逃げ出して再野生化し、また家禽化され、ということが幾度も繰り返された中で誕生した鳥である。そのためドバトと呼ばれる鳥は、遺伝子ベースではカワラバトと変わらない。改良されて誕生した伝書鳩も、種としてはカワラバトである。

カワラバトは意図的に他地域に移入されたものも多く、今では本来の生息地だけでなく、南極を除くすべての大陸に勢力を広げている。日本には、飛鳥時代かその少し前の時代に渡来したとされる。

またハト類の多くは、ヨーロッパを中心にペットとしてももてはやされたため、姿かたち、配色などが大きく変わった新たな品種も多数、生み出された。愛玩目的での品種改良は、鳥類の中でハトがもっとも古いと考えられている。

ハト類の多くは、安定した気候で一定量の食料が見つかる土地なら、いつでも繁殖活動に入ることができる。彼らは食道の奥にある「そ嚢《のう》」でつくられる「ピジョンミルク」と呼ばれる、哺乳類の母乳に相当するタンパク質に富んだ高カロリーの食餌《しょくじ》をヒナに与えて育てる。

親が食べられるものさえあればよく、ヒナのための餌を探しに行く必要がない。さらにこのミルクは、メスだけでなくオスもつくることができ、当然のようにオスも育雛《いくすう》に参加する。それが、カワラバト（ドバト）が世界で繁栄した理由のひとつでもある。

人間が町をつくってそこに定住し始めると、一部のカワラバトは本来の住み処《か》を離れ、人間の町にもやってきて、そこで子育てをした。町は意外に住みやすく、ハヤブサなど、天敵である猛禽類に襲われることが少ない環境であることを学習したカワラバトは、人間のそばで安心して暮らすようになった。

ハト（イギリスで撮影）

だが、増えすぎると、人間にとっては鳴き声や糞が害となる。

それでも殺すのはしのびないと思った者が、家の周辺に暮らすハトを捕獲して遠くの山などに捨てた。ところが家に戻ってみると、捨てたはずのハトが自身よりも先に、もとの居住場所に帰り着いていた、ということが幾度もあった。

ハトには生まれ育った場所に戻るという「帰巣本能」がある。それを理解した人間が、「ならば」と逆転の発想で、ハトに簡単なもの、たとえば文章が書かれたパピルスなどを運ばせることを思いつく。そしてそのために、あらためてハトを訓練した。

こうした一連の流れが、伝書鳩のはじまりではないかと考えられている。

そんな伝書鳩の起源はメソポタミアにあったとするのが通説である。聖書の中にあるノアの箱船のハトのエピソードや、その原型とされるシュメール人が伝えた『ギルガメシュ叙事詩』から、中近東エリアでは五千年以上も前からハトの家禽化が始まっていて、人に馴れたハトがいたと考えられている。人間との接触は、実際には赤色野鶏に匹敵するほど古く、一万年前まで遡る可能性もあると指摘する研究者もいる。

伝書鳩の利用

古代バビロニアでは、伝書鳩による通信網が各都市を結んでいたという。今からおよそ五千年前の古代エジプトでも、伝書鳩が使われていた証拠が遺跡やパピルス文書などの遺物から見つかっている。

のちのローマ帝国でも、広い領土を維持するために、伝書鳩を使った情報ネットワークが構築されていた。伝書鳩は軍用鳩として、軍事情報を伝えるのにも利用されていたようだ。ヨーロッパ社会では、ローマ帝国崩壊後も伝書鳩が使われ続けたが、十八世紀後半以降、歴史的にも知られる事件の現場での使用例が目立つようになる。

例えば一七九二年には、獄中にいたフランス王妃マリー・アントワネットが伝書鳩を使って外部と連絡を取ったとされており、一八一五年にはロスチャイルド家の三男ネイサン・マイヤー・ロスチャイルドが、伝書鳩による情報入手のおかげで巨万の富を手にするにいたった。ワーテルローの戦いでナポレオンが大敗を喫したことをいち早く知り、対応できたためである。

江戸時代の、十八世紀末の日本にも伝書鳩がいた。日本人は伝書鳩をつくらなかったが、オランダ人の商船によって定期的にヨーロッパから持ち込まれ、それが武士や商人の手に渡っていたからである。

天明三年（一七八三年）に、相模屋又市という大坂で米を扱っていた商人が伝書鳩を使って米相場の情報を関係者に流し、それによって莫大な利益をあげたが、実はこれは違法行為で、又市はその罪により幕府から処罰されている。この事件の詳細は、当時の行政文書である「大坂町奉《おおさかまちぶ》行触書《ぎょうふれがき》」に残る。

ハトといえば、鎌倉時代に書かれた藤原定家の日記『明月記』の承元二年（一二〇八年）九月の項にも興味深い記述を見る。「近年天子、上皇皆鳩を好みたまふ、長房卿保教等もとより鳩を養ひ、時をえて馳走す」とあるのだ。

ここでいう「馳走」は、食事を提供したという意味ではなく、文字どおり「馳せ走る」、すなわち競争を意味すると考えられている。つまり、十三世紀初頭の日本において当時の貴族たちの手でハトのレースが行われたということが示されている。

十年以上にわたって、この日記の意味を考えてきた。

この時代、日本に伝書鳩はいない。伝書鳩化を目指した品種改良も行われていない。動物を使った「伝書」という発想は、もともと日本人はもっていなかった。

もちろん、訓練されていないドバトにも帰巣本能はあり、飛ばせて競わせることは可能である。だが、はたしてそれで、レースとして成立するような競争ができただろうか？

だとしたら、何らかの手段で大陸から伝書鳩を手に入れた天皇が、貴族たちに配り、そのハトを使って何度もレースを試みたと考えることが、もっとも矛盾のない説明であるように思える。その証拠となる文書は見つかっていないが、なんとか探して確認してみたい思いは強い。

赤色野鶏の家禽化

赤色野鶏の家禽化についても、もう少し深く掘り下げてみたい。

あらためて記すと、ニワトリの祖先は、アジアに広く分布する「野鶏」と呼ばれるキジ科の鳥の一種である。

種の近縁関係の調査などに広く活用されるようになった細胞内のミトコンドリアＤＮＡの分析などから、ニワトリはそのうちの赤色野鶏の直系の子孫であり、タイからラオスを中心に分布する亜種に近いことが確認された。この地域で家禽化されたニワトリが世界に拡散されて今に至ったというのが現在の定説である。

ただしそれは、ある狭い場所の特定の赤色野鶏において起こったわけではない。あっちの村、こっちの村など、分布する多くの土地で野鶏は人間と接近し、同時進行的に家禽化が起こったと

ホロホロチョウ（作者不詳『外国珍禽異鳥図』）

いうのが最新の学説である。

そうした鳥が人為的に移動させられて、別の土地で家禽化されたニワトリや野生の野鶏とも交配した。そうした複雑な流れの中で、ニワトリという家禽が誕生したらしい。

インドシナ半島においては、野鶏の生息域が人間の生息域に重なっていた部分が広くあり、人間が暮らす村を含む領域を縄張りとしてもっていた鳥集団が自然と人間と寄り添うようになって、その地の野鶏が家禽化したと考えられている。

なお、家禽化された時期は意外に古く、かつては数千年前とされたが、実際には一万年近く遡る可能性もある。いわゆる四大文明が起こる以前であるのは確かなようだ。

先にも触れたように、中国は原種の生息域に近いせいか、定着がかなり早かった。しかしながら、日本海、東シナ海に隔てられた日本にニワトリが渡来するのは、それから六千年以上過ぎた弥生時代（紀元前十世紀〜古墳時代が始まる三世紀くらい）となる。

縄文時代の地層からニワトリの骨が出土したという報告も過去にあったが、それはまちがいだったことが判明。弥生時代以前には、ニワトリは渡来していなかったと考えられている。

野鶏にかぎらず、キジ目の鳥は地上が生活の場であったことから、その分人間とも相性がよく、比較的馴れやすいうえ、食用にするのに適していたということもあって、世界の各地で家禽化されてきた。例えば、今から三千年ほど前、当時メキシコに暮らした人々の手で家禽化されたシチメンチョウ、アフリカからヨーロッパに持ち込まれ、そこで家禽化されたホロホロチョウなどがいる。食用が目的ではないが、日本ではウズラを手許において家禽とした。

3　愛玩飼養の拡大

ローマ人が飼った鳥たち

古代ローマの貴族は鳥との暮らしを楽しんだ。目を楽しませる大型のインドクジャクが放し飼いにされたり、ヨウムやホンセイインコに人間の言葉を覚えさせて楽しんだことがわかっている。

ホンセイインコの亜種（おそらくはワカケホンセイインコ）がヨーロッパ世界に持ち込まれたのは、東征し、インドにまで達したマケドニアのアレクサンドロス大王の配下の手によるものとされる。それが契機となって、ローマ人もこの鳥の存在を知ることとなった。

ローマではもちろんニワトリも飼育されていたが、愛玩や食肉のためというよりも闘鶏を見て楽しむことが第一の理由だったようだ。もっともそれはローマにかぎったことではなく、ユーラシア大陸南部で広く確認されている。

神話においてニワトリを「常世《とこよ》の長鳴鶏《ながなきどり》」と呼んだ古代の日本においては、闘鶏の背景に「神の意向を伺う」神事があった。二羽を戦わせた結果を神の意思と見て、未来の行動を決めるなどしたのである。ただし、これは歴史のかなり初期のことで、平安時代になると神事という要素は薄れ、人々の楽しみ、娯楽としての闘鶏へと変化していく。

ちなみにローマでは、ニワトリがなにをどうついばんだかによって未来を占うなどしていたと、プリニウスが『博物誌』の中で語っている。

権威の象徴としての大型鳥、美麗な鳥

古くから権力者は、大きく美麗な鳥を好む傾向があった。

大きく美しい鳥は、手に入れるのに費用がかさむ。入手自体が困難なものも多い。その美しさ

コウライキジ（作者不詳『薩摩鳥譜図巻』）

キンケイ（梅園禽譜）

を維持するには、しっかりとした食事を与え、環境を整えて世話をする必要がある。もちろん、それにも多大な手間や費用がかかる。遠い異国の鳥ともなれば、その苦労は並大抵ではない。

それでも飼えるのが、財力も備えた権力者だった。ゆえに、そうした鳥の飼育は飼い主の楽しみであると同時に、もつ力を誇示するための道具でもあった。東西ともに、権威の象徴とするべく、大庭園に大型の鳥を放し飼いにした王や領主も多かったのである。

日本においては、奈良時代の初期に、天武天皇の孫にあたる長屋王《ながやのおう》が屋敷で二羽のタンチョウを愛玩飼養した。江戸時代には、鳥好きの大名が海外の鳥を盛んに輸入した。そして、手に入れた大型の鳥は、城や大きな屋敷の庭で飼育された。

キンケイやコウライキジなどのアジア産のキジ目の鳥のほか、けっして温厚ではないニューギニア産のヒクイドリなども輸入された記録がある。またこの時代は、ヨーロッパで家禽化されたアフリカ産のホロホロチョウも渡来し、飼育が試みられた。もちろんその鳥も食用としてではなく、鑑賞用に求められたようである。

鳥とともに楽しむ音楽

さえずりの美しい鳥は世界の各地にいて、人々の耳を楽しませ、ときに心身にリラクセーション効果ももたらしてきた。

室町時代や江戸時代の日本において、ウグイスやオオルリ、ホオジロほか、鳴き声の美しい鳥が飼われたのは、そうした鳥を手許に置いて、いつでもその声を聞きたいという願いがあったためでもある。姿や籠の中の振る舞いも、飼育者の目を楽しませた。

しかし、日本人は鳥の「音楽性」にはあまり関心を持たず、人間が鳥に音楽やさえずりを教えるという発想もなかった。そういう思考が日本人の中で育たなかったのは、ひとつには当時の日本には鳥の声に近い音を鳥と同じように表現できる音楽や楽器がほとんどなかったためでもある。対照的に、前章の「さえずる鳥と音楽」で解説したように、西洋の音楽と鳥の声には強い結びつきがあった。そうした土壌から、鳥の飼育にあたっても、「うちの鳥に音楽的により高度なさえずりを教えたい」という意識をもった人々が確かに存在していた。

ロンドンで出版された『小鳥愛好家の楽しみ（*The Bird Fancyer's Delight*）』という楽譜集がそれを強く物語る。そこには複数種の鳥にあわせた楽譜が掲載されていたが、なかでもウソとカナリアにさえずりを教えるための楽譜については、かなり的確で有用だったようだ。

なお、この楽譜の序文に見える、「各種の鳥の能力や音域に合わせて作曲された曲を鳥に教えるのは、十八世紀において人気のある、そして金にもなる趣味である」という文章は、個人として鳥に音楽を教え、楽しむだけでなく、高度なさえずりを身につけた鳥は高価で売ることができたため、「投資」として鳥に音楽を教える人間もいたことを示唆する。

『小鳥愛好家の楽しみ』で使われたのは、フラジョレット（バード・フラジョレット）という楽器

ホシムクドリの親子

で、現在のソプラニーノ・リコーダーとほぼ同等のものである。

高度なさえずりを身につけた鳥が高価で売買されたのは日本も同じだが、日本の場合、鳥の師匠は基本的に同種の鳥だった。優れたさえずりをもつ鳥を飼育している人のもとに代金を払って自身の鳥を預け、師となる鳥のさえずりを覚えさせただけだった。日本には、人間が鳥にさえずりを教え込む技術も知識もなかった。

これが、中世・近世の鳥飼育において、日本と西洋に大きな隔たりを感じる部分のひとつでもある。こうしたちがいの存在は、比較文化の観点において、とても興味深く感じる。

多くの鳥が、成長過程の特定の時期しかさえずり学習ができないのに対して、カナリアは長い期間に渡って教え込むことが可能である。それが、ヨーロッパにおいてカナリアの飼育が大流行した理由のひとつだった。飼いやすく丈夫な鳥だったことも、もちろんである。

音楽だけでなく、器用に人間の言葉さえも真似ができてしまうことから、ホシムクドリも人々に好まれた。ムクドリ科であるホシムクドリは、同じムクドリ科であるキュウカンチョウにも近く、そのため、彼らの脳は高度な学習能力を有していた。この鳥がモーツァルトなどの音楽家に愛され、愛玩された理由は、こうした点にもあったと考えられる。

飼い鳥の品種改良

さて、人間はおもに二つの軸で、鳥を品種改良してきた。ひとつは、家禽において、肉の量や卵を増やすといった生産性を上げる方向の改良。もうひとつは、飼い鳥とされる鳥の能力を高めたり、品種を増やしたりする方向の改良である。

ニワトリやシチメンチョウ、ガチョウ、アヒルなど、家禽化されたキジ目やカモ目の鳥は、より多く卵を産むように、より多く肉が取れるようにという目的に沿って改良されてきた（ただし、ニワトリには鑑賞用の品種もいる）。こうした品種改良は、数千年前から始まっている。

一方、愛玩・鑑賞用の小型の鳥において、もっていた変わった形質を強めたり、姿や色柄を変化させるような品種改良は比較的新しく、そのほとんどがこの数百年に行われたものである。

たとえば江戸時代の日本において、中国産のコシジロキンパラを改良して野生には存在しないジュウシマツを生み出したり、突然変異を固定するかたちでインドネシア、ジャワ島出身のブンチョウからシロブンチョウ（白文鳥）を生み出したりした。

その後、日本のジュウシマツはオランダやベルギーに渡り、近縁の種との交配も加えて、さらに新たな品種が生み出された。それらはオリジナルと分けて、「ヨーロッパジュウシマツ」と呼ばれる。

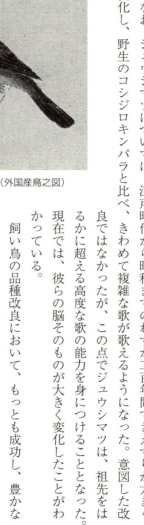

なお、ジュウシマツについては、江戸時代から昭和までのわずか二百年間でさえずりが大きく変化し、野生のコシジロキンパラと比べ、きわめて複雑な歌が歌えるようになった。意図した改良ではなかったが、この点でジュウシマツは、祖先をはるかに超える高度な歌の能力を身につけることとなった。現在では、彼らの脳そのものが大きく変化したことがわかっている。

原種系カナリア（外国産鳥之図）

飼い鳥の品種改良において、もっとも成功し、豊かなバリエーションを作り上げたのはハトとカナリアである。

カナリアの原種は、ヨーロッパからアフリカ西岸沖に位置する、アゾレス諸島、マディラ諸島、カナリア諸島などに棲んでいた。カナリアの文化史に詳しい研究者の島森尚子によると、ヨーロッパに持ち込まれたのは十四世紀から十五世紀で、最初にカナリアの大量繁殖に成功したのはドイツとイタリアだったという。カナリアの原種は緑がかったかなり地味な鳥だが、十六世紀から十八世紀のヨーロッパでさかんに品種改良が試みられた結果、赤、オレンジ、黄、白などの色がわりの鳥が生み出されたほか、立った姿勢や、羽毛の形状が異なる品種も生み出された。

音楽性に特化して生み出されたローラー・カナリアは、優秀な鳥では三オクターブもの広い音域をもつようになった。この点も、多くの音楽家に愛された理由のひとつである。

江戸時代に日本に運ばれ、すぐに飼い鳥として定着したカナリアは、日本においても多くの人の手で品種改良の試みが行われた。すくっと立った姿勢で細い身の「細カナリア」と、全身の羽毛が巻いている「巻毛カナリア」は日本において作出されたものである。これらのカナリアは欧米の愛鳥家からも高く評価され、戦前・戦後昭和を代表する日本の輸出品のひとつとなっていた。

4　日本の鳥飼育の歴史の俯瞰

ニワトリ、インコ、クジャクの渡来

弥生時代、カワラバト（ドバト）はまだいなかったが、ニワトリはすでに日本にいた。朝鮮半

島を経由して日本に渡ってきた渡来系弥生人がいっしょに連れてきたためである。古墳時代につくられた埴輪の中にはニワトリを模したものもあり、ニワトリは渡来早々、日本人の生活と密着したと考えられている。もっとも渡来系の人間からすれば、大陸にいたころの暮らしがそのまま続いただけで、ニワトリがいる生活は特に新しいものではなかっただろうとも推察する。

埴輪には、男性が腕に猛禽と思しき鳥を止まらせた「鷹匠埴輪」と呼ばれるものもあった。鷹狩りの文化もまた、弥生時代から古墳時代に大陸から伝えられたものである。

大和朝廷が成立してしばらくすると、朝鮮半島諸国などからオウム（実際はホンセイインコ等のアジア産のインコ）やクジャク、カササギが贈られ、宮中やその周囲で飼育されるようになる。

オウムと呼ばれた鳥は、この時代以降、断続的に渡来し続け、飛鳥、奈良、平安、鎌倉時代の貴族や上級武士の目に触れることとなった。海外の鳥であるにもかかわらず、ほどなくしてオウムは、「おうむ返し」という言葉ができるほどに日本人のあいだでよく知られた鳥となっていく。

清少納言は『枕草子』の中で、「外国の鳥で、人の言葉をまねするそうですね」と、伝え聞いた話のかたちでオウムのことを紹介し、鎌倉時代には藤原定家が、「色は青（緑）。嘴はタカのよう。柑子《こうじ》、栗、柿を食べ、人の名を呼ぶ」と、自身の目で観察したインコの感想を日記『明月記』の中に綴っている。定家はオウムではなく、「インコ（鸚哥）」の意味で「鸚歌（カヒコ）」と日記に記しており、ここからインコという呼び方が日本に拡がっていった。以後、日本にはさまざまな外国産の鳥が運ばれ、飼育されることとなった。

平安時代以降、増える飼い鳥

清少納言の『枕草子』や紫式部の『源氏物語』などの平安文学の中に、「スズメの子飼い」という言葉を見る。「スズメの子飼い」とは、まだ幼いスズメの子（雛）を取ってきて人に馴れさせる楽しみで、当時の貴族の遊びのひとつに数えられていた。

人間とつかず離れず暮らしてきたスズメは、うまく育てると本当によく馴れる。インコやブンチョウがまだいない時代、日本における手乗り鳥の代表格といえばスズメだった。江戸時代になってブンチョウが輸入され始めても、その座は長く揺るがなかった。

文筆家の伴蒿蹊《ばんこうけい》は、手乗りスズメの当時の飼育の様子や、飼育中に起こった事故のことを、享和元年（一八〇一年）出版の随筆『閑田耕筆』の中に描き残している。

平安貴族はスズメに加えてヒヨドリも愛し、それぞれが自身の鳥に名前をつけてかわいがった。愛鳥には「千代丸」や「無名丸」など、元服前の男児の童名に類する名もつけられていたことなどから、鳥に向けられた各々の愛情の度合いは相当なものだったと推測する。なお、平安貴族は、宮中にヒヨドリを持ち込んでは、「鵯合《ひよどりあわせ》」という名の競い合いをしていたこともわかっている。

ヤマガラに芸を教えるようになったのは鎌倉時代のこと。この時期には、籠の中にいるヤマガラを詠んだ和歌も作られている。例えば、『夫木和歌抄《ふぼくわかしょう》』には、歌人・寂蓮法師の「籠の内も猶《なお》羨まし　山がらの　身のほどかくす　夕がほの宿」といった歌が残っている。

ただし、昭和の時代に地方のお祭りや、東京・浅草の花屋敷周辺で見られたような、ヤマガラに「おみくじ」を引かせる芸が行われるようになるのはもっと後で、鎌倉時代にはまだ行われていない。鎌倉時代から江戸時代を代表するヤマガラの芸といえば、籠から吊るした餌の入った小桶を器用にたぐり上げさせる「つるべ上げ」や、お寺の鐘を模した小さな鐘を突かせる「鐘たたき」などだった。

室町時代になると、鳥の捕獲や売買、ウグイスに歌を仕込むことが商売として成立するようになる。『職人尽絵《しょくにんづくしえ》』と題された屏風や、狂言作品の『鶯』などから、当時の様子をうかがい知ることができる。

鳥の商いは、この時代はまだ、鳥籠を背負っての行商が主だったが、江戸時代、特に徳川吉宗が将軍の座に就いた以降は、鷹狩りの再隆盛とも相まって、鷹の餌や訓練用の鳥の安定供給のために鳥屋が整備され、店舗で商う鳥屋が急激に数を増やすことになる。さらには、鷹の餌となる鳥の捕獲を専門とする「鳥刺」として、「餌刺《えさし》」という名も生まれた。

幕末には、現在の山手線の内側ほどの狭い江戸のエリアに最大で六十軒もの鳥屋があったことがわかっている。そこで売られていた鳥の多くは、鳥刺によって捕獲された国産の鳥だったが、やがて繁殖に成功した海外の鳥なども、おなじ鳥屋で販売されるようになっていった。

江戸の飼い鳥ブーム

海外産の鳥の飼育ができたのは、室町時代までは社会の上層だけだったが、ブームと呼べるほどに飼い鳥文化が大きく花開いた江戸時代になると様相が変わる。

海外の鳥が大量輸入されて一部が値崩れを起こしたり、ブンチョウやジュウシマツなどが日本での繁殖に成功して、多くが市場に出回った結果、輸入が始まった百年後には大きく値が下がることになった。特にカナリアについては、輸入初期の百分の一ほどにまで値段が下落した。カナリアやジュウシマツなどは、江戸時代の後半から幕末になると、庶民でも買える鳥となっていったのである。

鳥の認知度が高まり、それぞれの鳥の飼育方法が確立されて鳥屋の知るところとなり、各鳥について詳細な情報が記された解説書や、飼育のノウハウが詰まった飼育書もつくられた。

幕府による鳥屋の整備によって、ほしい鳥が比較的簡単に手に入るようになり、飼育に必要な情報も飼育書や販売元の鳥屋から入手できるようになった。鳥屋は、飼育が不慣れな者に対し、飼育に関するさまざまなアドバイスをしたことがわかっている。

また、本草学の担い手が、今の図鑑にあたる鳥の「図譜《ずふ》」もつくった。鳥に関心をもつ大名や旗本も、みずから図譜を作ったり、本草学をたしなむ配下の者に図譜をつくらせたりもした。

おもな図譜とその作者としては、伊勢長嶋藩主にして本草学者でもある増山正賢《ますやままさかた》（雪斎）の

『百鳥図』、常陸笠間藩主で本草画家でもあった牧《まき》野《の》貞幹《さだもと》が描いた『鳥類写生図』、旗本・毛利梅園がみずから手がけた『梅園禽譜』などが挙げられる。ほかに、『外国珍禽異鳥図』、『薩摩鳥譜図巻』、『外国産鳥之図』など、作者不詳のものも多数あった。

この時代につくられた鳥の図譜や総合解説書に載る鳥の種類は、現代の我々が知るものとほぼおなじで、日本にいる鳥のほとんどが網羅されていた。江戸時代に集約され、固定化された名称の大部分が今の鳥の名前に受け継がれていることは、三章にて解説したとおりである。

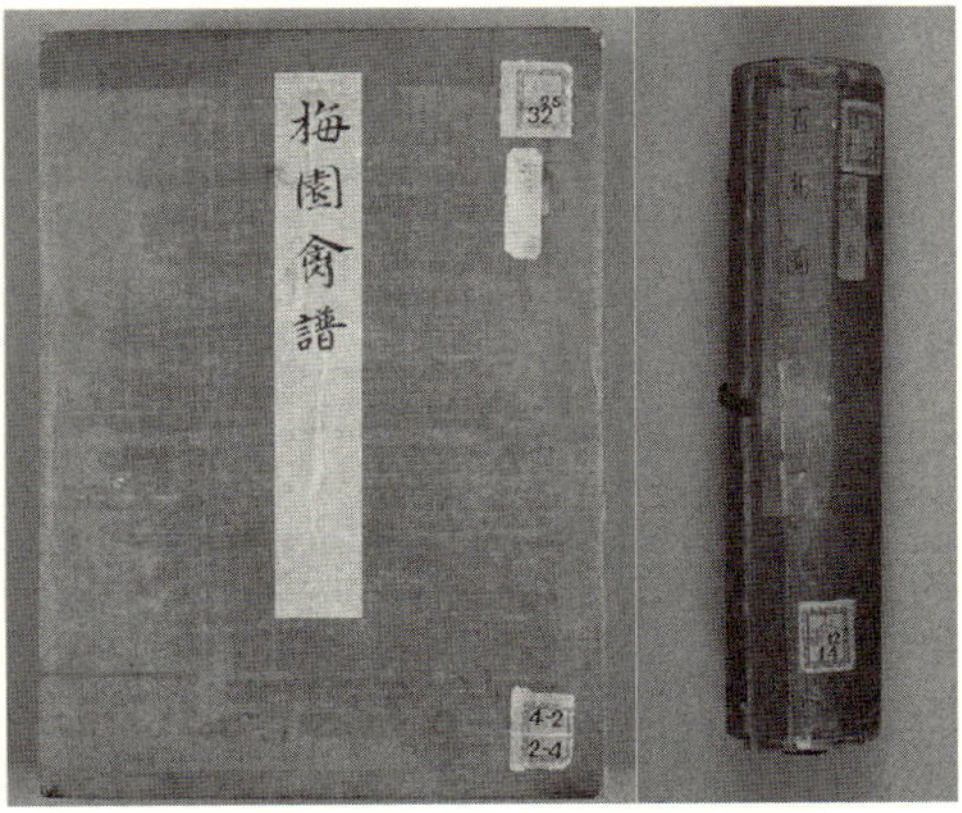

江戸時代につくられた鳥の図譜。現代の図鑑に相当する。写真がない時代のため、すべて絵師が絵を描いている。掲載したのは旗本、毛利梅園がみずから描いた図譜『梅園禽譜』と、伊勢長島藩主だった増山正賢の『百鳥図』の表紙。冊子と巻物の２タイプがあった。

江戸幕府が倒れて明治になり、大正、昭和、平成と時代は移ったが、鳥に関心をもつ人間は途絶えなかった。大きく飼育者が減るのは鳥獣保護法が強化されて野鳥の飼育ができなくなった平成以降だが、逆にその前の戦後昭和には大きな飼い鳥のブームがあり、日本の鳥、海外の鳥ともに多数が飼育された。

その際に基盤となったのが、江戸時代に完成し、その後脈々と受け継がれてきた鳥の飼育に関する技術だった。江戸の人々が培った飼育技術は、確かに未熟でまちがいもあったものの、それ以上に役立つものが多くあり、それが以後の鳥ブームを支える太い柱となったのである。

また、昭和の鳥ブームの際には海外からさまざまな鳥が輸入され、それまで日本人が見たこともなかった鳥を目にすることも増えたが、それは江戸時代に起こったブームのトレースのようなものであり、今この時代から俯瞰すると、江戸の再現という印象もあった。

なお、江戸時代にはブンチョウやカナリアの品種改良が行われて、新たな品種が作出されたが、品種改良はその後も続き、大正末から戦前・戦後の昭和にかけ、新たにつくられた小鳥の品種が大量に増やされ、アメリカやヨーロッパに多数が輸出されることとなった。

近代の日本における「鳥の生産」が、産業として成立するまでになっていたこともまた、江戸の技術遺産のおかげといってもいいのかもしれない。

第六章

記号化され、文様となった鳥

1　認識が広まると同時に記号化されていく鳥

記号化される認識

古代において。

生活する中で、接点のできた「もの」や「生き物」には名前がつけられるようになる。

その土地に暮らす人々のあいだで、対象となる相手の特徴や、その名称への認知が深まっていくにつれて、対象は個々の意識の中ではっきりとした「かたち」、「イメージ」をもつようになり、さまざまな記号化もされていく。

「翼をもち、空を飛ぶ生き物」は、それぞれの土地の言葉で「鳥／とり」と呼ばれるようになり、その地に文字が誕生すると、名に対応した文字による表記も生まれた。

ロンドンのカラス

鳥は世界のあらゆる場所に生息していて、人類が文明をもつはるか以前から姿を変えず、「飛ぶ」という行為を通して、多くの種が近い行動を示したため、まったく接点のなかった民族でも、それが「鳥」であることが理解できた。特定の鳥についても、絵などを使い、詳しい特徴の説明をすることで、すり合わせは可能だった。

例えば、世界の各地で目にするカラスは、「カラス（鳥／鴉）」、「crow／raven」など、ちがう名で呼ばれたとしても、「黒い」、「いわゆる小鳥よりも体が大きい」、「嘴が目立つ」、「ときに知的と感じられる行動を見せる」などの情報のやりとりを通じて、それが鳥の一種「カラス」であることはたがいに理解できた。

嘴のある丸い頭だけでも、片翼・両翼の翼だけが描かれていても、それが鳥の一部だと認識できた。やがて、鳥、そして「翼」という記号は「自由」の象徴にもなってゆく。

それは、多くの人の心に共通して存在する鳥のイメージだった。

時代も越えて

こうした認識は、地域だけでなく時間をも越える。旧石器時代に生きた人々の手で描かれた絵だったとしても、それが鳥であることは、現代に暮らす私たちにもわかるからだ。

およそ二万年前の旧石器時代後期のものである、フランス南西部ドルドーニュ県のラスコー洞窟最深部にある壁画には、仰向けに倒れた人間と長い棹の先端にとまった鳥の姿が描かれていた。描いたのはホモ・サピエンスの一グループであるクロマニヨン人。

絵の前者は人間の男性とわかり、後者も問題なく鳥と認識できた。

興味深いのは、この倒れた人間の頭部が人間のそれではなく、鳥の頭部として描かれていたこと。ある意味ファンタジックで不思議な姿ではあるが、鳥を知る人間には、それが「鳥の頭部」であることは明白だった。

それだけでなく、鳥の頭部をもった人間は、のちのエジプト文明において神とされたハヤブサの頭部をもったホルス神などと共通する姿であることも理解される。

男の頭部がこの形状に描かれた正確な理由はわからない。だが、宗教的なもののほかの、なんらかの意図をもってこのような形状に描かれたことは明白なこと。当時の人々のあいだで、「鳥の頭部」が記号として特別な意味をもっていたことも確かな事実といえそうだ。

なお後者は、生きた鳥を描いたわけではなく、短い槍を投擲《とうてき》するための投槍器《とうそうき》を描いたものと

ラスコー洞窟の壁画
(By I, Peter80, https://commons.wikimedia.org/w/index.php?curid=2416632)

分析されている。

投槍器の発明は、実は弓矢よりも古く、弓矢のない時期の重要な狩猟具だった。出土品から、縄文時代の日本でも、弓矢が発明される以前に投槍器が使われていたことがわかっている。

ラスコーの投槍器の絵には鳥種を示すはっきりとした特徴は見えないが、同じフランスのマス・ダジール洞窟から発見されたトナカイの角《つの》を加工してつくられた投槍器の先端には、ライチョウと思しき鳥が彫られていた。

それは、今よりもずっと寒冷だった当時、マス・ダジール洞窟周辺に暮らした人々にとってライチョウは、よく見る知った鳥で、姿をふくめ、その鳥が土地の人々の共通認識の内にあったことを意味していた。また、現代人にもそれがライチョウとわかるという事実は、当時の人々と我々が同じ特徴を捉えた目でライチョウを見ていたということも示唆する。

このような経過を経て「鳥」は、人間が共通してもつ認識となっていった。

記号化のひとつの方向としてのデフォルメ

凛々しい鳥、ユーモラスな鳥、いつも視界のどこかにいる身近な鳥。

容姿と、目にする行動が近い鳥を「仲間」と見なすような意識も生まれてくる。

猛禽（＝ワシ・タカ・ハヤブサ）、フクロウ、カモ、サギ、カラスなどが、それぞれひとまとめにされるようになったのも、そうした意識の延長と考えられる。

原始の時代に生きていたころから人間は、ワシやタカなどの猛禽類がほかの鳥や小動物などを捕食することを知っていた。猛禽が、さえずる鳥や地上に暮らす鳥たちから、食物連鎖の上位存在として、肉食獣なみ、あるいはそれ以上に恐れられていることも、見て理解する。

人間の内には猛禽の優れた狩猟術に対して称賛の気持ちが生まれ、同じく捕食する者としての共感も芽生えた。さらに、凛々しいその姿と、かいま見えるその力強さを自分の力にしたいという願望も沸き上がった。やがてそれは、国や家の紋章の中にその姿を取り入れるというところにも行き着くこととなる。

先に紹介した投槍器のような動物の骨などを彫刻した作品には、特定の鳥種とわかる特徴が彫り遺されたものもあったが、古代の絵画、粘土版や土器に描かれた鳥の絵は線画が多く、彩色のないものも多かった。それでも、鳥とわかったり、鳥種の特定ができた。

例えば日本の弥生時代に祭祀などに使われた銅鐸には、表面に鳥が描かれたものが多数ある。島根から静岡にかけて出土した複数の銅鐸においては、足が長く、嘴が長い鳥がシンプルな線で記されていた。

ごく最近まで、その特徴から銅鐸の鳥はサギまたはツルと考えられ、はたしてどちらなのかという論争も起きていたが、大阪府の池島・福万寺遺跡の弥生時代の水田跡からコウノトリの足跡が発見されたことなどから、銅鐸の絵もコウノトリだった可能性が高いと指摘する研究者も出てきている。

もちろん、サギ、ツル、コウノトリ、トキなどを含んだ、より範囲の広い、ゆるいグループ認識もおそらく当時からあり、その全体イメージ・共通イメージをもとに、種を限定せずに描いていた可能性もある。

こうした例のように、同じエリアに似た姿の鳥種が複数いた場合、判断に迷うこともあるが、人々に共通する認識があれば、大きくデフォルメがされていてもその鳥か、その鳥が含まれるグループの鳥だとわかった。

2　願いが込められた紋章、さまざまな装飾になった文様

親近感をもつ鳥や畏怖を感じた鳥がシンボルに

いつもそばで見守ってくれているように感じられた存在や、特別な縁《えにし》があると思えた生き物に対して好意をもつのも自然なこと。身近な動物がよくトーテム（祖霊と結びついた象徴）とされた古代はもちろん、歴史時代になっても、そういう状況はありえた。

そんな相手を絵や造形にして、手許や見えるところに置いておきたいと思うのも、自然な心の動きといえた。

各国、それぞれの人間集団において、そうした対象となった鳥も高い割合で存在した。また、神話が語られた時代もその後も、ドラゴン（竜）やグリフォン、フェニックス、玄武や麒麟といった幻獣や聖獣、トラやライオン（獅子）など、鋭い爪と牙をもった実在の〝強い〟獣に対して恐怖や畏怖を感じる一方で、その強さや神秘性にあやかりたいと願う者も少なからずいた。

より強い一族、だれにも支配されない家や国家であるために、集団の頂点に立つ長が、こうした者たちの「力」を自分のものにしたいと願うこともあった。

そうした思いは、鋭い爪と嘴をもった猛禽類にも向けられる。

地上暮らしの生き物には不可能な「空を飛ぶ」という能力までも持ち合わせている「強い鳥」や「優れた鳥」にあやかりたい気持ちは、とても強いものがあったようだ。やがてその気持ちは、家紋などの紋章の中に織り込まれていくことになる。

記号化の方向

このような意識から、人々が鳥に抱く思い、そして記号化された鳥は、二つの方向性を見せる。

身近な鳥、ユーモラスな行動を見せる鳥、美しい姿や声で魅了する鳥などが、芸術的な絵画や造形物以外に、簡略化された文様となって身に纏う衣類のデザイン、調度品、楽器や遊具などの中に浸透した。

一方で、支配層が憧れた「相手を打ち倒す強さ」を具現する鳥は、意匠となって国の紋章である「国章」や、家・一族の紋章「家紋」に採用されることとなった。

だれにも束縛されずに自在に空を飛ぶことからくる「自由」のイメージが、紋章の中で、猛禽や海を渡る翼の大きな海鳥に託されることもあった。

そうした流れの中でさまざまな紋章がつくられていったが、日本においては、ヨーロッパ諸国などに見られるような派手な国章も家紋もつくられることがなく、多くは一般的な装飾の延長にあるようなシンプルなものに留まった。ただし、シンプルさの中に「配置の妙」を実感できるデザインが散見されるのも日本の家紋の特徴となっている。

なお、鳥の翼から生じた「自由」のイメージは、国や家の紋章だけでなく、鳥のかたちや翼のかたちを取って、さらにさまざまな「もの」の中に浸透することとなる。

鳥そのものや、翼などの鳥を印象づける個々のパーツが、美術品・美術的表現として創作された絵画や彫像といったものの中で重要なモチーフとなったことはいうまでもない。

日本の鳥文様の基礎

古くは銅鐸や土器の表面に鳥が線画として描かれた。弥生時代には鳥形の木製品（鳥形木器）もつくられている。翼のデザインなどから、それらのモデルは猛禽類と推察された。

古墳時代になると、ニワトリやカモなどを模《かたど》った埴輪や、肩や腕に猛禽――タカと思しき鳥を乗せた「鷹匠埴輪」もつくられ、古墳の副葬品となる。いずれも製作した人たちが、よく知っている鳥を描いたり、デザインしたと考えられている。

国の基盤が固まったとされる奈良時代は、鳥の文様だけでなく、日本の文様デザイン全般において、エポックメイキングな時代となった。隋・唐を通して、中国やインド、ササン朝ペルシアほかの西アジアの国、ギリシアやビザンチン帝国の宝物や日用品などが大量に日本に運ばれ、美術界を中心に強い影響を残したからだ。

今も私たちは、正倉院の収蔵物を通して当時のさまざまな宝物を目にすることができる。また、中国でも失われてしまった唐代の文化も、そこには残されている。歴史学的に見ても、それはとても幸運なことである。そして、日本がシルクロードの東端にして終端だったという事実もまた、あらためて実感することになる。

正倉院の宝物では、楽器や遊具などに鳥モチーフのデザインを見る。特徴ある形から、それらが、インコやカモ、オシドリ、クジャク、ニワトリなどの実在の鳥や、伝説の鳥・鳳凰であることがわかる。

なお、正倉院宝物で目にするインコ目の鳥は、一般にはオウムと記されることが多かったが、国と国とのあいだでの鳥類の移動に関する時代背景や、図柄には、オウムなら頭部にあるはずの冠羽が見られないといった特徴などから、オウムではなくインコであることは明白である。

こうした宝物に描かれた鳥が日本人の鳥認知を引き上げ、同時に造形や絵画に携わる者に新たなデザインを提示した。

正倉院の宝物と咋鳥文

琵琶にも似た、長い棹の四弦楽器「螺鈿紫檀阮咸《らでんしたんのげんかん》」裏面に二羽のインコが対称的に配されていることはよく知られているが、よく見るとこのインコは細い帯をくわえている。

同様の意匠は遊具にも見える。象牙を加工してつくられた紅と紺の碁石（「紅牙撥鏤棋子《こうげばちるのきし》」、「紺牙撥鏤棋子《こんげばちるのきし》」）の表面にも、枝をくわえた鳥が描かれている。

鳥が花や木の枝、連なった宝珠をくわえている図柄は、「咋鳥文《さくちょうもん》」と呼ばれる。このうち、リボン状の帯や紐をくわえている鳥については、仏絵・仏像などに見られるリボン状の装飾帯である「綬帯《じゅたい》」をイメージさせるということで、「綬帯文《じゅたいもん》」とも呼ばれた。

「螺鈿紫檀阮咸」裏面
（出典：宮内庁 HP http://shosoin.kunaicho.go.jp/ja-JP/Treasure?id=0000010077）

「咋鳥文」の基本デザインについては、聖書のノアの箱船の「オリーブの葉をくわえたハト」のエピソードに由来するという声もある。確かにそれがもととなった絵柄もあるが、三世紀から七世紀

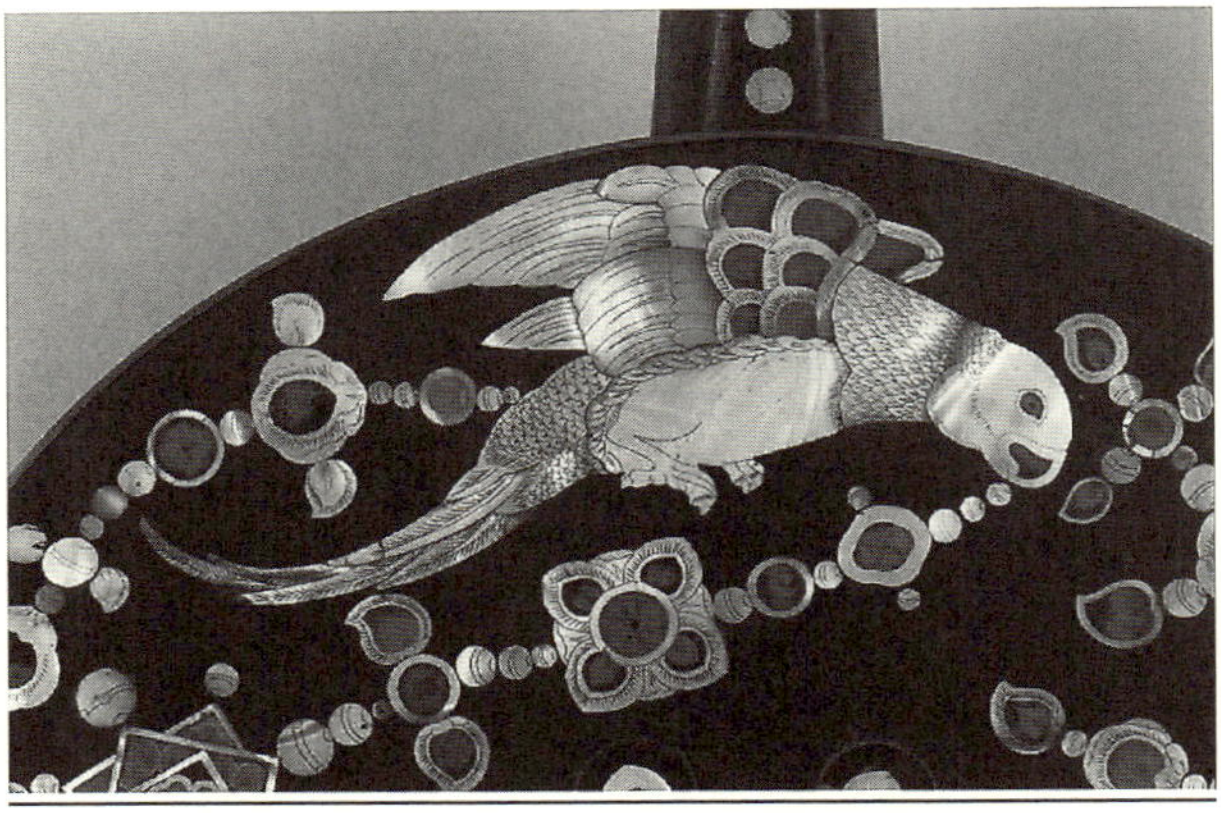

「螺鈿紫檀阮咸」裏面、拡大（出典：宮内庁 HP）

「八角鏡 漆背金銀平脱」
（出典：宮内庁ＨＰ http://shosoin.kunaicho.go.jp/ja-JP/Treasure?id=0000010124）

に、イラン高原を中心にメソポタミアからインドの西に至る広い領域を支配したササン朝ペルシアに由来するという説がより一般的である。

当時のペルシアの王朝では、王冠や首飾りなど、王の身を飾るものとして真珠が多用されたことから、連珠をくわえる鳥の図案もまた、瑞祥にあやかる高貴で神聖なものとされた。それが今につながる咋鳥文のおこりと考えられている。

咋鳥文のうち、花をくわえたものは、日本において「花喰鳥《はなくいどり》」とも呼ばれたが、この図柄に花や木の枝が多用されるようになったのは唐代の中国であり、ササン朝ペルシアの文化が唐において、もともとそこにあった中国の文化と融合して発展的な変化を見せたものが海を渡って日本へ伝わったと解釈されている。

咋鳥文が中国や日本でもてはやされたのは、高貴とされたこの文《もん》自体が「喜ばしいことの訪れの祈り」でもあったからだ。

綬帯をくわえた鳥は「含綬鳥《がんじゅちょう》」と呼ばれ、そのデザインは「含綬鳥文《がんじゅちょうもん》」とも呼ばれたが、この「綬」の発音の響きが、めでたいことを意味する「壽」と同じだったことも、もてはやされた大きな理由と考えられている。

唐代の中国では、伝説の聖鳥である鳳凰が「宝相華《ほうそうげ》」をくわえている咋鳥文が流行した。宝相華は、牡丹を中心に複数の花の美しいところを抽出して生み出された想像上の五弁花である。

正倉院には、唐から運ばれた鏡が複数枚、収蔵されているが、その中に「漆背金銀平脱八角《しっぱいきんぎんへいだつはっかく》鏡《きょう》」と呼ばれるものがある。その背面は多くの鳥が舞う構図で、そこにはツルや鳳凰、カモなどが配されているが、このうちのツルも鳳凰も、なにかをくわえた姿で描かれている。これもまた、含綬鳥文デザインの結実のひとつといえる。

その後の日本の鳥文様

以後、日本でも鳥がなにかをくわえた構図がもてはやされ、さまざまな場所で使われるようになった。そのうち、ツルが松の若枝をくわえて飛翔する図案は日本独自のアレンジである。平安時代には、この時代を代表する文様として完全に定着して、「松喰鶴《まつくいづる》」と呼ばれるようになった。

平安時代以降、ツルに対して「長寿のめでたい存在」というイメージが固まると、ツルの意匠はさらに多くの場所で使われるようになる。例えば、雲の中をツルが飛翔する「雲鶴《うんかく》」などは、おもに衣類に用いられた。

千羽鶴は今でこそ折り紙のみのイメージだが、江戸時代においては、「一羽だけでもめでたいのに千羽も群れていたら、それは極限のめでたさ」ということで、単独や二、三羽のものに加えて無数の折り鶴が一方向を向いて並ぶ「群鶴《ぐんかく》の絵」も好まれた。

また折り鶴は、江戸時代の初期には、すでに人々のあいだに広く浸透していたこともあり、折り鶴を散らしたような文様もつくられた。もちろん、折り鶴を家紋に採用した家もあった。

描かれた対象の姿はシンプルにデフォルメされつつ、高いデザイン性もかいま見えるのが日本の家紋である。

日本の家紋

ヨーロッパにおいては王や貴族の家系を中心に、複雑で華美な紋章が多くつくられ、親から受け継いだ子などがそれにさらに装飾を加えることもあったのに対し、日本では「家」を中心に紋がつくられて、個人を示す紋章は発展しなかった。

日本における家紋の歴史はおよそ千年から千二百年と、実はそれほど長くはない。平安時代の貴族（公家）が、所有物に自身の家の紋と定めた「印」を入れたことから始まったとする説が有力である。それがのちに家紋として定着し、世に広まることとなった。

日本において家紋は、親から子へと、ほとんど改変されずに受け継がれることが多かった。一方で、他家で使っていない紋章を新たに生み出すことにはなんら問題がなかったため、自身の家にふさわしい新たな家紋が考案されることもあった。

戦国時代には、家紋をたがいに贈りあった家もあった。また、上位の家から下賜されることもあった。その結果、仙台の伊達家のように複数の家紋をもつ家が少なからずあったこともわかっている。

日本で家紋が独自の発展を見せた背景には、葵や菊など、ごく一部の文様を除いて、身分によ

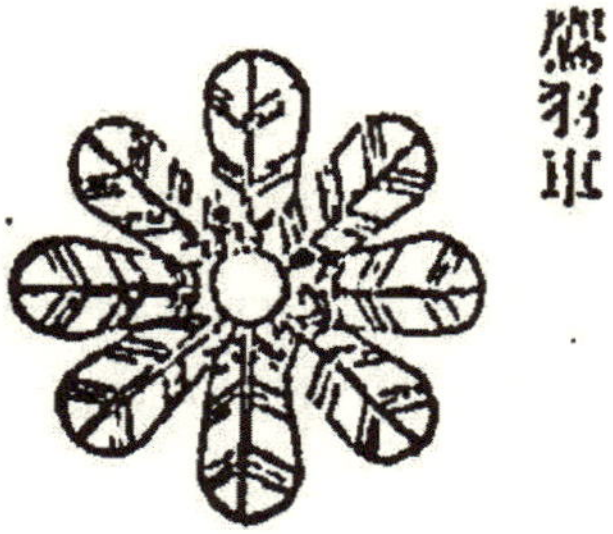

鷹の羽による図案
（『家紋の由来』）

「仙台笹 竹に雀文」

る使用制限等が一切なかったことも大きく影響したようだ。特に、新規に商売を始める者にとって、一目で店のイメージを伝えることも可能な家紋を自由に生み出せたことは、とてもありがたいものだったと推察される。

　日本の家紋は、円などの幾何学的な図形の組み合わせのほか、桐や葵など植物がもとになったものや、傘や矢など身近な道具類等をデザインの基盤にしてつくられたものが多く見られたが、そこには当然のように動物由来のものも存在した。

　例えば、チドリ、ツル、スズメ、ハト、タカ、カリガネといった鳥類のほか、チョウ、コウモリ、カニ、貝、カメ、ウサギなどがあった。

　並べて眺めると、日本の動物家紋には「空を飛ぶもの」が多いことに気づく。飛ぶものは、動物家紋全体の八割以上にのぼった。筆頭はやはり鳥で、いくつかのデータベースを確認すると、すべての動物家紋の内、およそ五十五パーセントが鳥絡みの家紋となっていた。

　さらに、空を飛べる存在として、鳳凰や竜、そして三本足の八咫烏の原型にもなった、やはり中国の神話が由来の、太陽の中に棲むという三本足のカラス（三足烏）も家紋とされた。聖獣、神獣は縁起がよいと考えられたためだ。

鳥のイメージの代表でもある「羽根」を重ねたデザインの家紋もあった。中には、重ねるのではなく、雪の結晶のように、六枚または八枚の羽根が、円の中心点で接するように羽軸を合わせたものも存在した。なお、家紋の羽根は、基本的に鷹の羽根と解釈されている。

日本の家紋は伝統的に丸デザインのものが多く見受けられるが、鳥の家紋でも、丸い円の中に鳥が収められたものや、配置において円の構図を意識したものが多い。

理由ははっきりしないが、デザインのしやすさや和服に紋を入れる際の見映え、本家と分家のちがいを明確にするためなど、複数の背景から丸デザインの家紋が多くつくられることになったと考えられている。

両翼を上げたツルの翼の先端が頭上で接するかたちの「鶴の丸」は、翼の羽毛が外周の円となり、内側上部にもうひとつの小さな中空の円があって、そこに横向きのツルの顔がある構図となっている。

鳥が単独でいるもののほか、二羽が向かい合っているもの、二羽が重なっていたり連なっていたりするものがあり、三羽が頭をつき合わせているもの、三羽の頭が外を向いているものもあった。なかには五羽が嘴を合わせているものまで存在した。

3　欧州デザインの中の鳥たち

東西の意識のちがい

東洋・西洋とも、数多の対象物に、さまざまなかたちで鳥が描かれた。だが、そこに投影された意識の強さにはちがいも見える。

生物の「意思」は、瞳に強く反映される。日本における代表的な紋章といえば「家紋」だが、姿がかなり簡略化されている日本の家紋において、鳥の顔は一般に穏やかで、眼は描かれても瞳は描かれない。対して、ヨーロッパの紋章に描かれた多くの鳥には瞳が描かれ、そこにははっきりとした「意思の光」が見える。

こうした点から、日本に比べると、ヨーロッパを中心とした他国では、紋章の中の鳥に対してより強い願いが込められているのが感じられるのだ。

家紋に描かれた鳥たちに対し、日本人の心には、「家がこうなってほしい」、「こんな家でありたい」という強い願いはない。もともと、「だれの家なのか」を識別するためのツールとしての意義が日本の家紋には強い。鳥の家紋においても、それは変わらない。

ツルは日本において長寿の象徴ではあるが、ツルを模した家紋に長寿の願いが強く託されているわけではない。また、スズメの家紋を戴いた家がタカの羽根の家紋を戴いた家に劣ると考える者もいない。日本の家紋はそういう観点でつくられたものではなかった。

日本人が象徴としてのその鳥に強い意味を託すことは稀だ。ハトが平和の象徴というのは欧米から借りてできたイメージであるし、猛禽のイメージを借りることで自身が強くなることを切に祈るような例も少ない。

こうした意識のちがいもあることから、絵画やデザインの読み解きも、欧米やそのほかの国の作品と日本の作品とでは変わってくる。

紋章の中にいる鳥たちには、それぞれの国や民族の意識に加え、それぞれが培ってきた歴史と文化が少なからず投影されている。

日本以外の国の紋章に、それが強く出ていると感じられる。

ヨーロッパ、南米、島嶼部の人々の感覚

まずは幾種かの鳥に対するヨーロッパ人のイメージを眺めてみたい。

古い時代から、ヨーロッパの支配階層の意識にあった鳥の筆頭はワシといえる。残されたさまざまな意匠からそれが見える。

小鳥を襲い、大きな体で悠々と空を舞う猛禽の姿は、彼らの目には「鳥の王」と映った。古く

ショーンガウアー『グリフィン』
（15世紀頃、メトロポリタン美術館蔵）

はアリストテレスが、『動物誌』の中でワシに対して「鳥の王」という表現を使っている。

人間には届かない空の高みから鋭い目で世界を俯瞰し、ときに容赦なく相手に襲いかかる姿には、強い憧れを抱かせた。地上において見せる風格のある厳しい顔つきも、王者のものに見えた。だから、その姿を紋章などに描き込んだ。

百獣の王であるライオンと、鳥の王ともいえるワシを組み合わせたらきっと最強と考えた者もいただろう。だが、新たにそんな生き物を生み出す必要はなかった。紀元前三〇〇〇年ごろにはすでに、有翼の獅子やワシの頭部と翼をもった獅子の怪物グリフォン（グリフィン）が、イランやインドなどの伝承の中にいたからである。

時代の流れの中、有翼の獅子やグリフォンがヨーロッパ文化に自然に溶け込んで、さまざまな紋章に使われたことはいうまでもない。

オスのクジャクの尾羽（正確には尾羽の上にある「上尾筒《じょうびとう》」という部位）の模様を「目玉模様（百眼模様）」と呼ぶことがある。これも、クジャクの全身の姿とともに、アジアからヨーロッパの多くの土地で見られるデザインとなった。

ギリシア神話において、嫉妬深い女神ヘラは夫ゼウスの浮気を監視するために百眼の巨人アルゴスを使役したが、ゼウスに命じられたヘルメスによって殺されてしまったため、その死を悼んでアルゴスの百の眼をクジャクの羽毛の中に封じたという伝説がある。それがヨーロッパにおける百眼デザインの由来である。一方で、長いクジャクの尾は、毎年新たに生えかわることから、「不死と再生」の象徴にもなった。

弥生時代の日本では、大型の水鳥に対して、生者の国と死者の国を行き来する者というイメージがもたれていたが、ヨーロッパ人がそれに近い印象をもっていたのがハトである。ハトは天と地を行き来する神の遣いとされたことから、「愛」と「平和」のシンボルとなった。特に純白のハトが「聖鳥」とされたほか、白いハトを死者の魂と見る文化もあった。

ギリシア神話において愛と美と性を司る女神アフロディーテを描いた絵画などに白いハトが描かれているのは、ハトが神に近い無垢な存在と考えられていたためである。

例えば十八世紀のフランス人画家、フランソワ・ブーシェによって描かれた絵画『ヴィーナスの化粧』では、女性の胸に白いハトが抱かれ、足元にも女性に寄り添うような姿のハトが描かれている。

ブーシェ『ヴィーナスの化粧』
（1751年、メトロポリタン美術館蔵）

ローマが国教化したキリスト教の初期において、ハトはキリストの魂や聖母マリアを象徴する鳥とされたこともあって、ヨーロッパでは美術界ほか、多くの場でハトの姿を見るようになる。ローマ時代は、水盤に止まって水を飲むハトの姿も多く描かれた。またそれが、近世・近代になって、あらためて装飾デザインのベースとされることもあった。

このほか、フクロウは知恵をもつ存在、カラスは神の遣いといった印象があり、美術だけでなく、さまざまな対象にその姿が用いられた。一章で紹介したコキンメフクロウが刻印されたギリシアのアテナの銀貨なども、そうしたものの延長にあった。

猛禽は、ほかの大陸でもさまざまな場所で崇拝されたが、中米から南米アンデス地域において、より身近な存在であったのがコンドル（アンデスコンドル）である。

古来より親しみをおぼえてきた存在であることに加え、近代において、ヨーロッパ人の支配から脱する独立の象徴とされたこともあり、コンドルを国章とする南米西部の国も少なくない。太平洋に浮かぶ島々で人々が見上げた先を悠然と舞っていたのは、ネッタイチョウやグンカンドリなどの大型の海鳥たち。強い印象を島の人々の心に残し、国や島の象徴とされた。

4　国章となった鳥たち

世界の四分の一以上の国が国章に鳥を採用

国章は国を象徴する紋章であり、国旗とともにその国の尊厳とされるものである。日本国外務省によれば、現在、地球上には一九六の国家があるが、そのうちの四分の一を超える五十四の国の国章や、国章に準じる紋章に鳥や鳥形の神が描かれている。

さらには、世界全体のおよそ一割の国が国旗にも鳥を起用している。

それぞれの国の歴史の中で、国章のデザインは少しずつ変化はしてきたものの、採用された鳥が数百年、あるいは千年以上に渡って継承されてきた例も少なくない。今は消滅した国家においても、その母体となった古代の国家の国章が継承されていた例がある。

特にヨーロッパにおいては、ローマ帝国以降、鳥デザインの紋章は途絶えることがなかった。

『不思議の国のアリス』の挿絵。左から５羽目がドードー

数百年間も国章として使われ続けた鳥は、空気のようにあたりまえの存在となって、ふだんはあまり気にとめられないこともある。一方で、変わることなく長く意識され続けた例もあった。

世界の国章を眺めることを通して、「鳥」が人類とその国家において特別な存在であったことを、あらためて実感する。

だれより特別で、愛すべき存在と強く意識した鳥を国章にした国がある。その筆頭が、インド洋西部に浮かぶ島国のモーリシャスだ。モーリシャスの国章は、今は絶滅して地上から消えてしまった飛べない鳥ドードー。ドードーは国鳥でもある。ルイス・キャロルの『不思議の国のアリス』に登場することでも知られている。

すでに絶滅してしまった鳥を国鳥や国章にする国は、ほかにはない。「できれば今も生きていてほしかった……」という強い願いが、そこには感じられる。

ジンバブエの国章や国旗に描かれているのはジンバブ

東ローマ帝国の紋章

ウズベキスタンの国章。描かれているのは伝説の鳥・フモ。

エの歴史の象徴とされる「大ジンバブエ鳥」。六世紀ごろの居住跡であるグレート・ジンバブエ遺跡から発掘された彫像をモデルに描かれている。

ガルーダはインド神話に登場する神鳥である。これを国章に据えているのがインドネシアとタイ王国。インドネシアの国章は黄金のガルーダ。タイ国章のガルーダは、より人間の形態に近いものとなっている。なお、タイのガルーダの紋章は、タイ族が十四世紀に打ち立てたアユタヤ王朝にまで遡ることができる。

ウズベキスタンの国章の中央に描かれているのは、ペルシア神話の不死鳥フマと同じ起源をもつとされるフモと呼ばれる鳥。祖型であるフマは中国の神話の鳳凰が由来とされる。

ワシ・タカの紋章は最大派閥

ワシ・タカの紋章は、古くは古代ローマ帝国の国章および国旗に見る。のちにローマ帝国は東西に分裂し、最終的に滅亡することになるが、国章は形を変えて、のちに成立した多くの後継国に継承された。

ローマ帝国の東西分裂後、西ローマ帝国の後継を宣言した神聖ローマ帝国や、複数の国を支配したハプスブルグ家がその紋章として継承したほか、末期の東ローマ帝国が双頭のワシの紋章を採用する。双頭は、東西のローマ帝国をあらわしたものとされる。

その後、双頭のワシは、東ローマ帝国の領土を基盤に新たに誕生した複数の国に採用された。現在は、ロシア、アルバニア、モンテネグロといった国が双頭のワシを国章とする。なお、ソビエト連邦以前の帝政ロシアの国章も双頭のワシだった。アルバニアは国章だけでなく国旗にも双頭のワシを採用する。

モンテネグロの前身であるセルビア・モンテネグロ国家連合、さらに遡ったユーゴスラビア連邦共和国、ユーゴスラビア王国も双頭のワシを国章とした国家だった。

現在、単頭のワシを国章にするのはドイツなどだ。ポーランドの国章には王冠をかぶった単頭の白いワシが赤色の楯の中に描かれている。オーストリアのワシは黒い。

ルーマニアの国章には、十字架をくわえ、両足に杖とオリーブの枝を掴んだワシの姿が描かれる。歴史的に関係が近いモルドバも、これと近いデザインとなっている。

アラブ諸国の国章は、予言者ムハンマドの一族（クライシュ族）をあらわす黄金のワシ、もしくはサラディンの黄金のタカ（ワシ）が採用されている。それぞれ細かいちがいはあるが、イエメン、アラブ首長国連邦、エジプト・アラブ共和国、イラク、シリア、ヨルダン、パレスチナなど、多くの国が黄金の猛禽を採用する。

クウェートでは、少し意匠の異なる黄金のハヤブサが採用されている。

欧州・中近東以外の猛禽類の国章

アフリカ中部の国でも、ワシあるいはタカが描かれた国章が多く見られる。スーダンはヘビクイワシ。ナイジェリアの国章にもワシが見える。

アラブのものとはイメージが異なるが、西アフリカのガーナの国章は二羽のワシが中央の盾を左右から支える構造になっている。

南スーダンの国章には中央にサンショクウミワシが配されているが、二〇一一年にスーダンから分離独立する以前の自治政府の紋章にはハシビロコウが描かれていた。

ザンビアやナミビアの国章に描かれているのもサンショクウミワシ。マラウイの国章にもワシが見える。

ヨーロッパの島国であるアイスランドの国章には、国の四方を守護する聖なる存在が記される。守護者は北欧神話ほか、古代にこの地で信仰された大地の精霊や妖精に由来する。このうち、島の北西部を守護するのは鳥で、白いワシの姿が描かれる。なお、この国章が採用される直前の十六年間、アイスランドでは青い盾に白いハヤブサが描かれた国章が使われていた。

アメリカ合衆国はハクトウワシを国鳥とし、国の印である国璽《こくじ》の中心にもハクトウワシが描かれている。法的に定められてはいないが、彩色された国璽の図柄が事実上の国章となっている。ワシの右足が握っている枝はオリーブである。

メキシコ合衆国は、ガラガラヘビをイメージさせるヘビをくわえたワシが国章となっている。建国以来、何度か図柄は変わったものの、ワシとヘビの組み合わせが描かれ続けた。由来はアステカの伝説で、こうした図柄はアステカ皇帝が好んだものでもあった。

同じくワシを掲げるのはパナマ。国章の上部に翼を広げた白いワシが置かれた。

アジアでは、フィリピンの国章にワシ(実はアメリカのハクトウワシ)、キルギスの国章に銀色のタカ、そしてアルメニアの国章にもワシが見える。

インコやフラミンゴも見える中南米諸国

中米諸国にはユニークな国章も多い。

西インド諸島のセントクリストファー・ネイビスは、ペリカンをイメージさせる青い水鳥二羽が描かれている。南米に近い小アンティル諸島のバルバドスの国章もペリカン類。

バハマの国章にいるのは、魚のマカジキとフラミンゴで、ベネズエラ北方の国トリニダード・

トバゴの国章に描かれたのはショウジョウトキ（スカーレット・アイビス）とワキアカヒメシャクケイ（コクリコ）。ショウジョウトキはこの国の国鳥でもある。

中南米には色鮮やかなインコ類も多数生息しているが、ドミニカの国章には左右に緑色のミカドボウシインコが描かれている。ミカドボウシインコはドミニカの国鳥でもある。同国の国旗の中央、赤い円の中に描かれているのもミカドボウシインコである。

西インド諸島にある英連邦の国セントルシアの国章もインコ。こちらはイロマジリボウシインコが採用されている。

エクアドル共和国の国章および国旗に描かれているのは、国の象徴でありアンデスの象徴でもあるコンドル。コンドルはコロンビアやチリ、ボリビアの国章にも見える。

オセアニアの国章

オーストラリアがカンガルーとエミューを国章に採用しているのはよく知られたとおり。ミクロネシア・メラネシアの国々は島国らしく、その海域でよく目にするグンカンドリの採用率が高い。

キリバスにおいては、飛翔する黄色い鳥が描かれている。鳥種はグンカンドリ。鳥を国章に採用する国は数多あるが、飛んでいる鳥が描かれることはあまり多くはない。なお、キリバスは国旗にも飛翔するグンカンドリを採用している。ナウルの国章にもオオグンカンドリが描かれるが、こちらは赤い人工的なとまり木にとまった姿で描かれる。

マーシャル諸島の国章の中央にも鳥が描かれているように見えるが、実は天使である。

アフリカ諸国の国章

インド洋に浮かぶセーシェルの国章には飛翔するシラオネッタイチョウが見える。

マリやリベリアも飛翔する鳥だが、こちらはハトを採用する。

ハヤブサとヨウムが描かれたサントメ・プリンシペの国章。

東アフリカのウガンダも国鳥を国章と国旗にする。ここに描かれるのはホオジロカンムリヅル。

ギニア湾に浮かぶ島々からなるサントメ・プリンシペの国章には左右に大きく二羽の鳥が描かれている。右はこの国の国鳥でもあるヨウム。左はハヤブサのようだ。

第七章 鳥を観る文化

1　権力の象徴でもあった鳥獣

鳥獣入手は自身のため、権力を示すため

いつの時代もそうであるともいえるが、特に古代から近世において、ほしいものを手に入れられる財力と、周囲に対して自分の意志を押し通す力をもっていた王や皇帝などの支配者には、したいことをする自由や、望むものを手に入れる自由があった。

だれも手にしたことのない「もの」を手に入れることは、彼らの満足感と矜持を大いに満たした。力強さの象徴とされたライオンや色鮮やかな大型の鳥などの「鳥獣」も、そうしたもののひとつだった。

もともと美麗な鳥が好きで、熱心に蒐集していた者は、鳥の美しさがより映えるような庭園を

つくり、その姿を長く維持するために必要な飼育知識をもった世話役を置いた。

宮殿や大きな屋敷における「造園」という文化にも、古代から連綿と続く鳥獣の飼養が大きな影響を与えたことはいうまでもない。もちろんそこには、財力を含む強い権力の存在を周囲に見せつける目的もあった。

隷属を誓った周辺国の王や、よい関係を築くことを願った異邦の支配層が忠誠や友好の証として、飼い馴らすことの困難な猛獣や自国の美鳥・珍鳥、手に入れた麗しい鳥を献上することもあった。それが貴重なものであればあるほど贈られた者を喜ばせ、大切に飼養されることとなった。そうした鳥獣が収容された施設は、飼育される鳥や獣が増えるにつれて、動物園的な色彩も帯びるようになっていく。

2　動物園的施設のはじまり

古代メソポタミア、エジプトの動物コレクション

古代のメソポタミアやエジプト、聖書の舞台でもある両地域のあいだのパレスチナ（東地中海沿岸諸国）、少し時代を下ったローマ（共和国、帝国）や古代の中国において、ミニ動物園的な動物

コレクション施設がつくられていたことがわかっている。

最古はやはりメソポタミアで、そこに文明を築いたシュメール人やアッカド人が、当時、まだその地に生息していたライオンなどを中心に、ゾウやサイほかを集めた事実があった。

古代エジプトの王（ファラオ）も動物を集めた。その庭園では、アフリカやメソポタミアの哺乳動物のほか、ツル、コウノトリ、ハト、トキ、ハヤブサなどの鳥が飼育されていた。動物園史家グスタフ・ロアセルの『*Historie des Menageries*』（一九一二年出版）によれば、紀元前十三世紀ごろにエジプトを治めたラムセス二世は艶やかな鳥に加え、走鳥のダチョウも飼育していたという。

エジプトではここに挙げたように、異邦の鳥だけでなく、神としてこの地の神話に登場する鳥が数多く飼育されていた事実があった（一章参照）。そうした状況を、とても興味深く感じる。

なお、パレスチナの地において、紀元前一〇〇〇年ごろに栄華を究めた古代イスラエルの王ソロモンも、広く動物を集めたコレクションをもっていたことを、旧約聖書の「列王記」などから知ることができる。

古代ギリシアからアレクサンドロス帝国へ

溝井裕一の『動物園の文化史』によれば、古代ギリシア、アイトリアのメアグロス神殿ではホロホロチョウが飼育され、サモスのヘラ神殿ではインドクジャクが飼われていたらしい。

アテネでインドクジャクを展示していた者が、鑑賞を目的に訪れた者から入場料を取っていた事実もあった。これが、動物園的施設で徴収された最古の入場料の記録だという。

複数のポリス（都市国家）において、輸入されたツルやヤツガシラ、フラミンゴなどを飼育した人がいたこともわかっている。この時期のギリシアでは、サルをペットとして飼うことも珍しくはなかった。ただし、幾種もの珍しい鳥や動物を集めて展示した動物園のような施設が、この時期のギリシアにあったかどうかはよくわかっていない。

その後、ギリシア地域では、アレクサンドロス三世がマケドニアの王となり、エジプトからメソポタミアを越えてインドに至る広大な帝国を築くことになる。それでも、以後も、その領土となったエジプトやメソポタミアにおいて、禽獣を飼育する施設は維持されていたことがわかっている。

アレクサンドロス帝国の後継者としてエジプトの王となったプトレマイオス一世は、ナイル川河口のアレクサンドリアを首都に定める。プトレマイオス一世はそこに巨大な動物コレクション施設を建設した。さらに、その子のプトレマイオス二世がこれを拡充する。

プトレマイオス二世の動物コレクションが非常に規模の大きなものだったことを、豊穣と酒（ワイン）の神であるディオニュソスを祝す大祭において行われた〝終わりの見えない〟「動物パレード」からも知ることができる。

プトレマイオス二世がアレクサンドリアの人々の前で行った動物たちを引き連れたパレードは、

「明けの明星が空に現れる時刻に始まり、宵の明星が輝く時間に終わる」というほどの驚くべき規模だったと史料は語る。

先頭は手綱を付けられた十六羽のダチョウ。そのあとを、彼が手に入れたあらゆる鳥が、木製のとまり木の上や籠に入れられた状態で進む。

鳥を運んだ人間は約一五〇人。パレードには、オウムはもちろん、ホロホロチョウやキジ、「エチオピアの鳥」と記された鳥などがいたという。

さらに、ライオンやヒョウなどを含む猛獣、ゾウやラクダ、サイなどが続いた。この規模の動物パレードは、栄華を極めたギリシアやローマはもちろん、現在でも見られることはなく、文字どおり「史上最大のパレード」だったようである。

その後、プトレマイオス王朝はローマ（共和国）によって滅ぼされ、その支配下に入る。さらに七世紀に、エジプトはイスラムの支配を受けるようになるが、首都における動物コレクションはその後も維持されたことがわかっている。

ギリシアとローマのちがい

現在まで、動物園的な施設は遺跡のかたちでも文献上でも見つかっていないことから、古代ギリシアにおいては、大衆に向けた動物展示施設はほとんどつくられず、生態や行動などを観察して、知的好奇心を満たすことを目的に、個々人が動物を集めていたとする説が有力である。

一方、古代ローマの貴族も、インドクジャクや、ヨウム、ホンセイインコなどのインコ類ほか、ニワトリ、その他のキジ類、ホロホロチョウ、ツル、フラミンゴ、ハクチョウなど、さまざまな鳥を飼っていたことがわかっている。だがこちらは、単純に眺めて楽しむ「娯楽」が主目的で、その生態など、科学的な興味が探求されることはあまりなかった、というのが専門家の見解である。この点において、ギリシアとは対極的といえた。

ローマの貴族は自宅、あるいは別荘に、自分好みの私的な小動物園をつくり、そこに声や姿の美しい鳥を集めては、そのふるまいを楽しんだ。

中世ヨーロッパでも盛んに飼育が行われたクロウタドリやサヨナキドリ（ナイチンゲール）などの美声を堪能したほか、ヨウムなどのインコ・オウム類に加えて、ホシムクドリに言葉を教えた例もあった。『博物誌』を書いたプリニウスにも影響を与えた人物と評される、マルクス・テレンティウス・ヴァーロなども、そうした鳥飼いのひとりだったようだ。

古代の中国の様相

『詩経』などの史料から、中国の王都にも、周王朝以降、哺乳類や鳥類を集めた動物コレクションが置かれていたことが判明している。おそらくは、周以前の王朝である殷や夏の時代から、すでにそうした施設は存在しただろうとも推察されている。

漢の武帝の時代には、メソポタミアから中国に至る広いエリアに生息する各種動物のほか、ハクチョウや多くのカモ類、シギ類のほか、サカツラガンを改良してつくられたシナガチョウや、マガモを家禽化したアヒルなどが多数飼育されたことが確認されている。

もちろん中国でも、支配層による動物の収集は長く続いた。モンゴル人の王朝である元を訪れたマルコ・ポーロの『東方見聞録』には、フビライ・ハンのもとに存在した、鷹狩りのタカを中心とした動物の飼育施設の様子も、目にしたままに詳しく記されている。

3　メナージェリーの概念とその始まり

中世から近世のヨーロッパ

中世ヨーロッパでも、王侯貴族によって動物は飼育され続けた。

動物コレクションを所有していた君主としては、神聖ローマ帝国皇帝となったフランク王国国王シャルルマーニュ（カール大帝）、同帝国の後の皇帝であるフリードリヒ二世やルドルフ二世、イングランドの歴代の王、ハプスブルグ家出身の各国の王など、枚挙に暇がない。

ハプスブルグ家出身の皇帝ルドルフ二世は首都をプラハに移転し、そこに巨大な動物施設をつくる。

ルーラント・サーフェリーやヤコブ・ヘフナゲルといったお抱えの宮廷画家たちが、仕えていた時期はもちろん、解任され、少し時間を経た後にも、ルドルフ二世の動物コレクションの鳥の絵を描いた。彼らが描き残した絵から、この施設に生きたドードーがいたのは確実と考えられている。

海外進出の時代、いわゆる大航海時代の始まりは、ヨーロッパに新たな知識と展望をもたらした。スペイン、ポルトガルのアジア、アフリカ、新大陸への進出、続くオランダやイギリスの海外進出によって、ヨーロッパ人は多くの未知の動植物を目にすることとなる。

持ち帰られた異邦の鳥や動物は王や貴族のもとに運ばれ、そのコレクションを爆発的に拡充させた。ヨーロッパ人未踏の地で新たに発見された珍しい鳥は、ほぼすべてヨーロッパに運ばれたと言っても過言ではない。

大きな「飼い鳥文化」が花開いていた、時期を等しくする江戸時代の日本にも、アジアに生息するものを中心にさまざまな鳥が運ばれたが、そうした鳥を扱うヨーロッパの商人たちは、これは本国向け、これは日本向けといったような「仕分け」を行い、船に積み込んだのだろう。なかにはヨーロッパにおいて過剰になった種を、新たな供給地である日本に運びなおしたものもあったにちがいない。

サーフェリー『鳥のいる風景』（1628年、ウィーン美術史美術館蔵）

サーフェリー『ドードー』（1626年、ロンドン自然史博物館蔵）

この時期のヨーロッパへの鳥獣の輸送を見ていくにつれ、十七世紀から十九世紀の日本の鳥獣貿易は、ただ日本の要望に応じたものと単純に考えるべきではないことがわかってくる。ヨーロッパ諸国の王侯が私的な動物園的施設を作るべく、世界を航行する商人たちに鳥を集めて運ぶことを求めた事実がまずあり、各地において動物の収集を行った商人たちは、バランスを取りながら必要分、あるいは余剰分を日本にまわしたと考えるのがより自然であるように思える。

最大の施設はフランスに

一六〇〇年代以降のヨーロッパにおいて、特に大きな「動物園」的施設がフランスに存在した。施設は、パリの南西、およそ二十キロメートルの距離にあるヴェルサイユと、パリの北、およそ四十キロメートルの距離にあるシャンティイにあった。シャンティイはモンモランシ家の居城があった土地で、動物を集めた施設としては、ヴェルサイユよりも古かったことがわかっている。

いわゆるヴェルサイユ宮殿は、一六六八年に着工し一六八二年に完成したが、それ以前のこの土地には動植物の豊かな森と湿地が広がっていて、王室の狩猟場となっていた。

そこには狩猟のための小屋があったが、やがて野生動物を飼養するための施設がつくられ、一六二四年になると、さらにそこに海外からフランス王家に贈られた鳥獣を収容するための専用の小屋もつくられるようになる。こうしてできた動物施設は、次第に肥大化していき、やがて「ヴェルサイユ動物園」とも評される様相も見せるようになった。

ヴェルサイユ新宮殿の設計とともに、周囲の庭園の再造営も行われ、パリから宮殿が移された際には、新たな動物コレクション施設もできあがっていた。もちろん、そこにはとても大きな鳥専門の禽舎も置かれた。

ロアセルによれば、南北アメリカ大陸のハチドリ類やコンドル、ホウカンチョウ科やフウキンチョウ科の鳥、ニューギニアのフウチョウ類などが初めてヨーロッパに運ばれ、ヴェルサイユを訪れた人々の目を驚かせたという。

近現代とは異なる近世以前の施設

これまで挙げた、古代から近世にかけての例は、動物コレクションという点では「動物園」と認められるものである一方、収容された動物の偏りは大きく、動物の生態などについて学術的な研究が行われることもほとんどなかったため、近代的な動物園とは一線を画すものと認識されている。

「近代的動物園」を意味する「zoo」という言葉は、実はとても新しい。

動物収集と繁殖を含んだ学術研究も園の大きな軸として掲げたロンドン動物園が一八二八年にスタートした際、そこを「zoological garden」と称したことに始まるからである。

「動物園」＝「zoo」もここから来た名であり、十九世紀以降、世界に定着。上野に始まる日本の近代動物園も、ロンドン動物園が範となったものである。

先に挙げたヴェルサイユのほか、中世から近世の王侯貴族の城郭などにつくられた動物展示施設は、かねてより「メナージェリー（Menagerie）」と呼ばれていた。

それは数百年に渡って使われ続けた名称で、「動物園」が定着するまでは、王侯が個人的な楽しみのためにつくった庭園の一部をなす動物施設も、他人に見せるためにつくりあげた動物展示施設もみな、メナージェリーと呼ばれていたことがわかっている。

メナージェリーにはさらに広い意味もあり、「見世物」として行われた移動動物園なども同じ名称で呼ばれたが、その国の権力者が王城や領地につくるメナージェリーは設園者とまわりの貴族たちのものであり、庶民が中の鳥獣を見られるようなものではなかった。

4　江戸の動物見世物と花鳥茶屋

鳥を見せる施設の源流は江戸時代

日本における動物展示についても、少し詳しく語ってみたい。

日本の社会の上層が、ユーラシア、アフリカ、南北アメリカなど、大陸の位置関係を含む、この世界の構成についての科学的な情報を得て、世界は広く、世界の各地には日本人の知らない珍しい鳥や動物がいることをはっきりと理解したのは江戸時代になってからである。

飛鳥・奈良時代から平安時代にかけて、大陸諸国から贈られた鳥獣や、日本人がそこから持ち帰った鳥獣を、貴族が宮廷内や宮廷近くに置かれた施設で目にすることはあった。だが、〝個人が積極的に海外の鳥獣を輸入した記録〟は、ほとんど見つけられない。

天皇家にしても、周囲の貴族にしても、それぞれの趣味・楽しみとして鳥獣を入手することはあっても、その多くは国内産のものであり、またそれも私邸の屋内や禽舎で眺めたくらいで、他者に見せることを目的とした「動物展示施設」がつくられたことはなかった。室町時代も、そうした状況が続く。

江戸時代になると、鳥好きの大名などが積極的に海外の鳥を求め、城や屋敷で飼育するようになった。ヒクイドリや、クジャクなどの大型のキジ目の鳥が広い城の庭で放し飼いにされ、屋敷内でも多種の異国の小鳥が飼育されたが、それも、ほとんどが姿やさえずりを自身の目や耳で楽しむためのものであり、描く絵の素材とするべく集められたものだった。

日本において、庶民を含めた一般向けの、〝鳥を見せること〟を目的とした展示は、まず「動物見世物」として始まり、次いで孔雀茶屋や花鳥茶屋といった飲食と組み合わせた施設ができた。いずれも有料の展示であったが、この時代の人々の人気を集め、大きなにぎわいを見せた。

江戸時代の見世物

江戸時代の見世物は、大きくは、細工物、曲芸や演芸、異邦の禽獣や奇形の動物、人間の見世物の四種に分類された。

菊人形、絡繰《からくり》などを見せたのが細工物。曲芸や演芸では、手品や軽業、演舞などが披露された。動物見世物の目玉となったのは、ゾウやラクダ、トラやヒクイドリなど、日本人が初めて目にする鳥獣である。人権というものが浸透する以前の時代でもあり、他者と異なる姿で生まれてきた人間も見世物の一部となった。

なかには、「おおいたち」と称して「大鼬」を期待して見に来た者に、大きな板の全面に血液を塗りつけたものを見せ、「大板・血」と胸を張るなど、ほとんど「いかさま」といえるものもあった。当然、怒る者もいたわけだが、それでもウケれば興行主の「勝ち」として、見世物として認められていたようである。

大道芸として行われた興行など、見世物的なものはもちろん江戸時代以前にも存在した。だが、こうしたものが「見世物」という名で総括されるようになったのは江戸時代からである。なお、見世物はまず大坂や京で行われ、一年から数年後に江戸で披露される江戸下りの「流れ」があったことがわかっている。

京の代表的な見世物小屋は四条河原のほか北野天満宮などにあり、大坂は道頓堀や難波新地にあった。江戸では、両国（西両国広小路）や浅草、上野広小路、江戸境（元吉原）にあった。名古屋は大須につくられ、それぞれが幕末までにぎわいをみせた。四条河原で行われた見世物の様子については、「四条河原遊楽図」などから知ることができる。

鳥の見世物

動物見世物において、ゾウなどとともに人気を博したのは、異邦の珍鳥である。

『橐駝考《たくだこう》』（堤它山《つつみたざん》）のラクダの絵

クジャクは千年にも渡って日本に運ばれ、時の権力者たちの目を楽しませてきたが、江戸時代になるまで庶民がその姿を間近で見る機会はあまりなかった。初めて広く庶民にその機会を提供したのが見世物だった。

数多の鳥の中でも知名度が高く、存在感のあるクジャク成鳥のオスが鳥類として最初に見世物になったのは、ある意味、必然でもあったのだろう。こ

マクジャク（牧野貞幹『鳥類写生図』）

の時期、日本で育雛《いくすう》するクジャクもいたことで、取り引きされる数が増えたことが影響したのかもしれない。

京では寛永年間（一六二四～一六四四年）に、四条河原の見世物にクジャクが登場する。江戸では明暦四年（一六五八年）、江戸境町（現在の日本橋人形町）において、クジャク、インコ、オウムが見世物になったことが確認されている。

なお、見世物においてクジャクは、ただそこに佇むだけでなく、仕込まれた「芸」を披露してみせた。寛永二十年出版の書籍『油《あぶら》加《か》須《す》』（長頭丸著）によれば、クジャクを操る者は「孔雀遣い」と呼ばれたという。

この芸の内容はよくわかっていないが、孔雀遣いが合図を送ると、それに合わせて、目玉模様が映えるクジャクの象徴でもある尾羽の上の上《じょう》尾《び》筒《とう》という羽毛を、客のいる正面に向けて大きく開かせるといったことを行ったのではないかと推察する。

体の大きなクジャクは、小鳥のように機敏に飛んだり跳ねたりするような性質をもたない。ゆったりした動きが基本のクジャクで最大の演出効果を狙うとしたら、そうした芸がもっとも自然で無理のないかたちになるだろう。

日本の見世物研究の先駆者である朝倉無声は、著作『見世物研究』（一九二八年）において、「当時既に孔雀遣ひといふ者があつて、それが孔雀に種々の曲芸を仕込んで、見世物にしたものと思はれる」と記しているが、「孔雀に種々の曲芸を仕込んだ」というのは朝倉無声の推測であり、事実は少し異なるように思う。

それというのも、キジ科の鳥を飼育した経験がある者ならわかるとおり、ニワトリ、キジ、ウズラなども人間の意図を理解して、ある程度の指示には従ってくれるが、彼らに複数の曲芸をしこむ、ということはかなり困難であるためだ。

インコ・オウムの芸とツルの芸

江戸時代でも、人間以外の生き物が人の言葉を話すことに関心をもつ者は多く、鳥の見世物においては、オウムやインコ、キュウカンチョウなど、言葉を話す鳥がもてはやされた。

古くから「おうむ返し」という言葉が知られていたように、日本にインコ・オウム類が初めて渡来してからおよそ千年が経ち、一度も姿を見たことはない人々にも、その存在や習性はよく認知されていた。そのため、「鳥が人の言葉を話すところを自分の目で見たい！」と熱望した人々が押し寄せたのだ。

オウムの見世物に高い集金力・集客力があったことを示す興味深い情報もある。

浜松歌国の『摂陽年鑑』（天保四年／一八三三年）によれば、大坂瓦町の小鳥屋、竹中平兵衛は一羽のオウムを手代に持たせて全国で見世物をさせていたが、その稼ぎは、それだけで一家を養えるほどだったという。

クジャクやオウムが盛んに見世物に登場したのは、要望が高かったことに加えて、業者が買い取るのに十分な数が輸入されて価格も下がり、一般の商人でも鳥屋などを通して手に入れやすくなっていたためでもある。

また、大型の鳥や珍しい鳥を何十羽、何百羽と集めて愛玩していた城主が没した後、城内の鳥たちを持て余した家族が、不用品として鳥屋にまとめて売却した例もあり、そうした出自の鳥も買われて、見世物になっていたようである。

見世物では、日本産のツル（おそらくはタンチョウ）を使った芸もあった。詳細はわからないが、国立国会図書館収蔵の史料には「鶴の一こゑ」という記述も残っていることから、雌雄のツルが求愛の際に鳴き交わすように、人間の合図で、大きく鳴き声を上げる姿を見せたのかもしれない。

ただ、何点か存在する、この情報の出典である『天和笑委集《てんなしょういしゅう》』には、写本された際にミスがあったのか、「鶴の一こゑ」ではなく「鶴の一飛び」となっているものもある。この書籍の文章を引用している朝倉無声の『見世物研究』には、後者が記されている。

だが、「鶴の一飛び」だったとしても、見世物小屋には空間的に高く飛ばせる余裕もなかったはずで、やはりツルの求愛のダンスのような小ジャンプを客に披露して見せたと推測する。

なお、芸をさせた記録はないが、ハイイロペリカン（ガラン鳥）や、おもに北海道に飛来するオジロワシまたはオオワシも見世物とされた記録がある。ハイイロペリカンは小石川の水戸藩屋敷に飛び込んでくるなど、江戸時代において、迷鳥としての飛来記録も多数残っている。望めば意外に手に入る鳥だったのかもしれない。

このほか、芸をする鳥として古来より知られてきたヤマガラの芸が芝居小屋で披露されることもあった。浅草の花屋敷において、昭和の半ば過ぎまでヤマガラの芸を見ることができたが、それも江戸時代からの流れがあってのことだろう。

動物見世物がもっていた、もうひとつの側面

インド産のゾウが両国広小路で見世物になったのは、文久三年（一八六三年）のこと。ゾウのほか、ヒョウやラクダなど、日本に初めて来た動物を見ることには無病息災や悪霊を払う御利益があると喧伝されたことも、動物見世物に通う人間を増やすこととなった。

ヒクイドリ（薩摩鳥譜図巻）

興行主は「この動物を見たなら、疱瘡（天然痘）などの病気をも退けることができる」と言って、人々を見世物に誘った。また、動物の錦絵を手許に置くことにも御利益があると主張する者もいた。そのかいもあって、特にゾウについては錦絵も飛ぶように売れたという。

大坂では寛政二年（一七九〇年）に、前年日本に渡来したヒクイドリが見世物になっている。その案内のチラシ（引札）の絵には駝鳥（ダチョウ）と解説が書かれていたが、引札の絵も、輸入された際に描かれた絵も、まちがいなくヒクイドリである。この鳥は翌年、江戸に移され、境河岸において見世物になっている。

当然のように、ヒクイドリの見世物においても御利益がうたわれた。ヒクイドリを目にすること自体に大きな御利益があるが、さらに抜けた羽毛にも強い「祓い」の力があり、「疱瘡麻疹疫疹」のまじないになると説明があった。おそらく見世物小屋において、客に羽毛を触れさせるなどの行為も行われていたのだろう。

川添裕は、著作『江戸の見世物』の中で、ヒクイドリの羽毛が販売された可能性を指摘する。鳥は毎年、全身の羽毛が生えかわる「換羽」をする。抜けた羽毛は通常なら捨てるだけだが、それを売ってしまえば廃棄物が片づくうえに、儲けもでる。同様に御利益があるとされた見世物動物のラクダにおいては、その「おしっこ」まで霊薬とされたほどである。ヒクイドリの羽毛を売らずに捨てたとは確かに考えにくい。もとより日本では、ウの羽毛が安産のお守りとなっていたくらいなので、売る方も買う方も抵抗なく受け入れたと考えてよさそうである。

余談になるが、寺島良安の『和漢三才図会』のヒクイドリの項には、「足は二つで指にするどい爪があり、よく人の腹を傷つけ死にいたらしめる」という解説があった。

渡来からしばらく、なりは大きいが「しょせん鳥は鳥」と侮った人間の不幸な事故が続いたことから、こういう記述がなされることになったのかもしれない。

孔雀茶屋と花鳥茶屋

寛政年間（一七八九～一八〇一年）に入ると、鳥を中心とした生き物を人々に見せるための新たな動物展示が始まる。「孔雀茶屋」に代表される、鳥を見ながら茶が飲める茶屋がそれである。

見世物は仮設の狭い小屋が興行の基本で、期間も定められていた。それに対し、新たな展示施設は、定置の広い敷地の中で、柵や屋根に囲まれた空間に鳥獣を置いて、人々がいつでも気軽に見に行けるようにしたことが斬新だった。

クジャクやキンケイなどの大型の鳥や、インコなどの中小の鳥、哺乳類のシカなどを園内に展示し、お茶を飲みながら鳥や動物の挙動をゆったりと観るタイプの施設が相次いで大坂、京、江戸、名古屋につくられる。そうした茶屋・茶店は、中心となる展示動物をもとに「孔雀茶屋」や「鹿茶屋」という名がつけられた。

この施設についても大坂が早く、寛政八年（一七九六年）六月には開設され、少し遅れて江戸にもつくられたと考えられている。だが、江戸の孔雀茶屋の開始時期がはっきりしないため、本当のところはどうなのか正確にはわからない。いずれにしても、遺された史料から、孔雀茶屋の開設において、上方と江戸で時間のひらきはあまりなかったように感じられる。

人気の見世物は小屋の観客密度が高く、ゆっくり対象が見られないこともあった。だからといって何度も小屋に入り直しては、料金（＝木戸銭）もかさむ。広い場所で、落ち着いて、時間の制限なくゆっくり見たいという観客の希望を実現するかたちで「孔雀茶屋」などがつくられたことは想像に難くない。

朝倉無声の『見世物研究』ほかから、寛政年代には、江戸の浅草と両国、京の祇園や清水寺の前、大坂の下寺町、名古屋の若宮八幡前に孔雀茶屋があったことがわかっている。

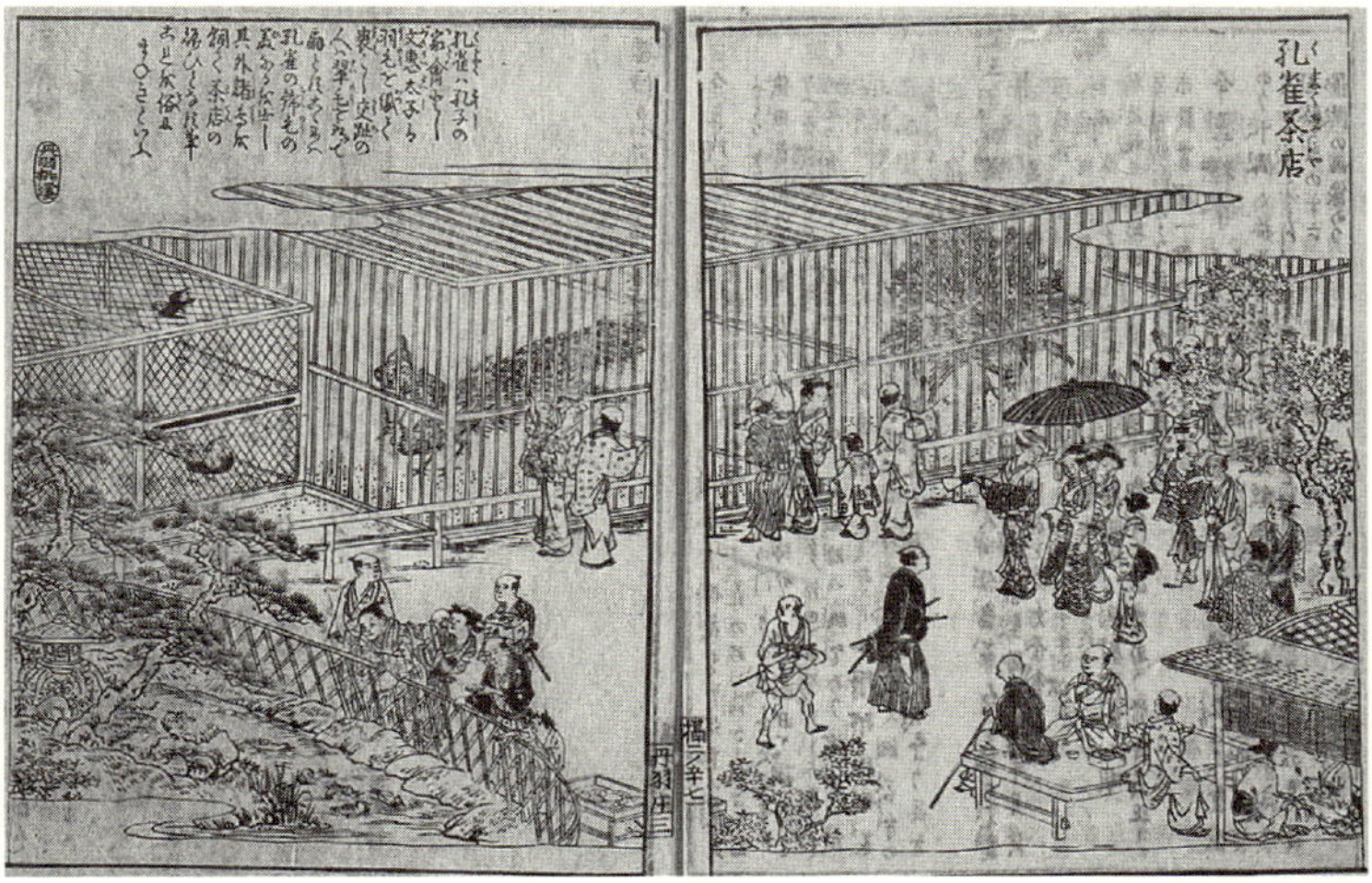

『摂津名所図会』の孔雀茶屋

ちなみに享和二年に京阪を旅した滝沢馬琴も、旅の途中で京の孔雀茶屋に立ち寄っている。馬琴の京阪の旅については『羇旅漫録《きりょまんろく》』（享和二年／一八〇二年）に詳細が綴られているが、名古屋の孔雀茶屋所在地の情報源も、この書籍である。

大坂の孔雀茶屋については、『摂津名所図《ず》会《え》』（巻之二）にその絵図が残されている。『摂津名所図会』には詳しい場所は記されていないが、『浪華《なにわ》百事談《ひゃくじだん》』によると、孔雀茶屋は「下寺町筋御蔵跡町の通りの北西角、則ち万福寺という寺院の西対」にあったという。

江戸の孔雀茶屋は、文化・文政期に「花鳥茶屋」と名を改め、敷地を拡充するとともに屋内施設も設けて、雨天の際も客にサービスできるようにした。そこでは、奇形の四足のニワトリ（信濃産）を見せたり、キュウカンチョウやオウム、インコなどにしゃべらせる「芸」が行われるなど、常設の見世物小屋的な機能ももっていたようだ。

ときに「名鳥茶屋」とも呼ばれた花鳥茶屋は、下谷広徳寺前、上野、浅草に存在していた。また、花鳥茶屋の屋内施設では酒を供したり、落語の高座が設けられるなど、鳥を見ることから枠を広げた総合エンターテインメント施設となっていたことが大坂との大きなちがいだった。

孔雀茶屋や花鳥茶屋は近代的な動物園の定義に沿うようなものではなく、今の動物園に直接つながるものではなかったが、先駆的なその存在は、広い意味での動物（禽獣）展示施設であり、今の花鳥園などに雰囲気を伝えるものだったことは明らかなこと。

浅草にあった花鳥茶屋が、今の花屋敷（開設は嘉永六年／一八五三年）の前身ともいうべき存在であったこともまた事実である。

第八章　鳥を食べる

1　鳥の狩猟とジビエ

人間と鳥食

人間はこれまで、羽毛を中心にさまざまなかたちで鳥を利用してきた。鳥の肉やその卵を食べる「鳥食」という行為も、厳密には九章の「鳥の利用」に含まれるテーマなのだが、鳥食や、そのための鳥の家畜化（＝家禽化）には、人類（ホモ・サピエンス）が現在まで生き延びてきたことにおいて、とても大きな意味があったことから、独立したテーマとして扱いたいと思う。

人類が誕生して以降、文字どおり鳥は、人間に「その身」を与え続けてきた。そしてそれは、途切れることなく、今も続いている。その事実をあらためて実感できる問いとして、「地上に暮らす脊椎動物の中で、もっとも数の多い種はなにか?」というものがある。

鳥類の中なら、答えはまちがいなくニワトリ。哺乳類で最大とされるネズミ類のどれか（ドブネズミなど）と比較しても、総数で勝っているかもしれない。

この瞬間も、全世界で二百億羽という膨大な数のニワトリが飼育されていて、その恩恵を人間に与え続けている。ちなみに野生種でもっとも数が多い鳥はコウヨウチョウで、約一五〇億羽がアフリカに生息するといわれる。

家禽と呼ばれる鳥たちの筆頭は確かにニワトリだ。だが、食肉や採卵を目的に品種の改良が行われ、人間の身近に暮らすようになった鳥はニワトリだけではない。

加えて、人類が文明化する以前から、長く狩猟の対象となってきた鳥もいる。

そんな鳥たちとの関わりを、少し詳しく紹介していきたい。まずは、狩猟鳥から。

毒のある鳥はごくわずか

人類の歴史は、「飢え」との戦いの歴史でもある。飢えた人々は、生き延びるために魚介はもちろん、捕獲できる鳥獣も片端から捕らえて食べ、木の実や果実、茸などの菌類も食べてきた。昆虫類も同様である。

大型の哺乳類と比べて、捕獲時により危険が少ない鳥類は、狙いやすい獲物でもあったため、世界各地で捕獲され、重要なタンパク源とされた。鳥の肉には人体に有害な成分は含まれておらず、どの鳥を食べても「安全」と信じられてきたことも大きい。古代においては、捕獲しやすいか、肉の量が多いかだけが重要とされた。

「なんと、地球には毒をもつ鳥も存在していた!」という予想外の事実が明らかになったのは、二十世紀も末の一九九〇~一九九二年のこと。

ニューギニアで、肉および羽毛にヤドクガエルがもつバトラコトキシンと同系の毒「ホモバトラコトキシン」をもつ鳥が発見されたのだ。

『史記』ほかの中国の古文献には、「鴆《ちん》」という名の毒鳥の羽毛が暗殺に使われたという話があり、その情報は中世~近世の日本にも伝わっていた。例えば、江戸時代に大坂で医師をしていた寺島良安は、編纂した百科事典『和漢三才図会』(正徳三年/一七一三年序)の中で、中国の『三才図会』を引用するかたちで「鴆」の解説を行っている。

そんな書籍を通して世には知られていたものの、毒のある鳥が実在するというのは単なる伝説であり、実際の暗殺には別種の毒が使われたのだろうと、長いあいだ毒鳥の存在を本気で信じる者はいなかった。だが、「ピトフーイ」という名が与えられたニューギニア産の毒鳥グループの発見で、鴆の実在がにわかに現実味を帯びることとなる。

なお、ピトフーイの生息域に暮らす人々は、これらの鳥が食用に適さないことを以前から熟知しており、捕獲もしていなかったという。おそらくそれは、過去に食べて苦しんだ人から教訓として伝えられた生活の知恵だったのだろう。

とはいえ、毒のある鳥が生息しているのはアジアの島嶼部《とうしょぶ》のごく一部であり、種類の点でも鳥種全体の〇・一パーセント以下に過ぎず、また、アジアの大陸部を含めたほかの地域に棲む鳥にはなんの問題もないことから、この鳥たちが「鳥食文化」に与えた影響は、実際にはきわめて小さい。

そのため、毒のある鳥についてはひとまず解説の本筋から切り離して、あらためて人類が食べてきた鳥について眺めていくことにしよう。

古代の食事の中の鳥

古代の日本に目を向けるなら、縄文時代に生きた人々が、カモ類、キジ類を中心に、カイツブリ、アホウドリ、カモメ、ウ、アビ、サギ、ツル、カラスなどを食べていたことが、食事後に骨や貝殻を捨てた貝塚などの遺跡からの出土物によって明らかになっている。

例えば、縄文時代前期の遺跡である富山市の小竹《おだけ》貝塚からは、キジ類やカモ類、カイツブリの骨が出土し、同じく富山県の朝日町境A遺跡からも、カイツブリ、アホウドリ、カモメ、ヒメウなどの骨が出土している。

青森県の三内丸山遺跡から出土した食痕のある鳥類の骨においても、その八十パーセント以上

ハクチョウとカモ類

がハクチョウを含めたガン・カモ類だった。ほかにウやアビ、アホウドリの骨が出土しているが、その数は少数である。茨城県ひたちなか市の三反田蜆塚《しいづか》貝塚から発掘された鳥の骨の多くも、ガン・カモ類だった。

ガン・カモ類やキジの仲間は一般に体が大きく、そのため小型の鳥に比べて肉が多く取れた。特にカモ類については、秋になると決まったルートで多数が日本に渡ってきていて、その習性を把握していれば比較的捕獲がしやすかったことなどから、多くが食料となった。

なおこれは、古代の日本に限ったことではなく、世界の多くの地域に共通することでもある。

食べることを目的に捕獲した鳥の中には、おせじにも美味しいとはいえない種もあったはずだが、捕獲者は飢えて死ぬよりましと、その肉を食べることを選んだ。

一方で、エジプトやメソポタミアで文明が興って以降、王や貴族を中心とする社会の上層（＝富裕層）は飢えとは基本的に無縁であり、逆に嗜好品の延長として、珍しい鳥獣の肉を求めるようになった。

ポーラ・ヤング・リーの『ジビエの歴史』によれば、ローマ帝国の人々はフラミンゴやオウム、クジャク、カッコウまで食べた。カッコウを美味と評したのは『博物誌』の著者プリニウスである。アリストテレスはタカの肉を好んだとされる。

ジビエ料理の原点のひとつはローマにあるといわれるほど、ローマ人は野生の鳥獣を好んで食べたことがわかっている。

ジビエのもつ意味

「ジビエ」というのはもともと、猟をして得た野生の鳥獣の肉を食べることを意味するフランス語だった。これをそのまま日本語に訳すと、「狩猟鳥獣食」となる。

封建社会のヨーロッパ貴族は、定期的に自身の領地で狩りをした。そこで得た鳥獣を使った料理こそが、ジビエ料理だった。そのため、近世までの「ジビエ料理」は貴族社会の伝統料理であり、庶民が口にすることのできない高級料理という位置づけだった。

その後、ジビエを味わう行為は庶民層にまで浸透し、「ジビエ」が意味するものは、ハンター

ヒバリ

によって捕獲された野生動物の肉を食べること、という意味に修正されて現在に至る。今やジビエ肉の愛好家は、世界各地にいる。

中世以降、ジビエ肉となった野禽は、マガモを中心としたカモ類、ヤマウズラ、コウライキジや日本産キジを含むキジ類、ライチョウ、ウズラ、ヤマシギ、ハト類、ノガン、オウム・インコ類ほかだが、地域によっては、さらにさまざまな種が食卓に上がってきた。

日本やヨーロッパ、アメリカで食べられた鳥のうち、いわゆる小鳥サイズのものとしては、ヒバリやツグミの名も挙がる。

それを象徴するのが、フランス民謡、童謡の「ひばり（Alouette）」という曲だ。

「ひばり」は十八世紀ごろから伝わるフランスの曲だが、実際にこの曲がつくられたのはカナダのフランス語圏で、それがフランスに逆輸入されたかたちとなっている。

この曲においてヒバリは、「ひばりさん、羽根をむしってあげましょう」という歌詞のもと、子供の手で、頭から嘴まわり、頬や目のまわり、首、背中、翼と、順番に羽毛がむしられていく。背景を知らない人からは「怖い曲」というイメージもたれがちだが、タネを明かすと、今夜のごちそうとなる、捕まえたヒバリの羽毛をむしることを母親に命じられた子供が、熱心に指示された仕事をしている歌で、ジビエ料理の準備過程を示したものとされる。

芋の皮むきや、もやしの鬚《ひげ》根を取るように命じられた子供にも準じる作業で、野生の鳥を食べる文化の中で誕生した「子供のお手伝い」の歌なのである。

なお、この曲からは、そこそこ裕福な家庭と、そこで暮らす子供の姿が透けて見えるが、家の経済状況によっては、わずかな肉しか取れないヒバリ一羽が、その夜の一家の食事内容のすべてとなるケースもあったはずだ。

ポーラ・ヤング・リーは、ポーランドの伝統料理のレシピの紹介を通して、ジビエが進んだのは口が肥えた富裕層が「珍しい味」を求めたことに加えて、貧困層が「とにかく今、食べられるもの」を求めた両面の結果であると指摘する。

人類の鳥食文化は、飢餓と飽食という両極端の状況における、その両端からのアプローチの結果として誕生し、維持されてきたという主張には強い説得力がある。

2　食べるための品種改良

ニワトリとハトの二面性

人間によって多数が飼育される鳥、家禽。

現在、家禽と呼ばれるのは、おもに肉を採ることを目的に飼育されている鳥たちだ。家禽の歴史は古く、多くは文字による記録のない時代に始まっていることから、家禽化された時期や経過が正確に把握されていないことも多い。はっきりしているのは、その家禽がどの野生種からつくられたかということと、利用の目的だけである。

五章の「鳥と暮らす、鳥を飼う」でも示したように、鳥が家禽化された目的は、食用として肉や卵を採るため、愛玩飼養するため、それ以外、の三つに分類することができる。

ただし、この三つは完全に独立しているわけではなく、二つ以上が並行してあった例もあり、さらには家禽化された後に目的が変化したケースもあった。

目的が変化した鳥の最たる例がニワトリだろう。今でこそ食用として最大の飼育数を誇るが、ニワトリが人間と暮らすようになった当初は、食用よりも三番目の目的にあたる、それ以外の「神事」、「占い」などに活用されたケースが多かったと考えられるからだ。

さらには、雄鳥（オンドリ）が朝に鳴く性質をもっていたことから、多くの土地で「朝を招くもの」、「魔を払うもの」として大切にされた。ヨーロッパにおいて、家屋の屋根の上に取りつけられた「風見鶏」がニワトリの姿をしているのも、こうした思想によるものである。

また、護りの存在という見地から、風見の鳥をニワトリにするように最初に指示を出したのはローマ法王で、九世紀のことだという。

ニワトリは家の庭にいるだけで「守護」の力を発揮すると信じられ、これといって特別な役割を与えられることもなく、庭でつがいが飼育されていた例もある。ただし、その場合も、産み落とされただけで孵化する可能性のない卵が食卓に上がることはあった。

アンドリュー・ロウラーは、ゾロアスター教徒のペルシア人ほど、ニワトリに大きな役割を与えた古代の人々はいないだろうと指摘。著作『ニワトリ　人類を変えた大いなる鳥』において、「雄鳥は悪霊と魔術師に対峙させるために創造された」というゾロアスター教の言い伝えを紹介する。

さらに、「雄鳥が鳴くと災難の発生が防がれる」、「雄鳥の鳴き声には怠惰の悪霊を追い払う力があるので、雄鳥が鳴くと、人々は夜明け後も続くまどろみから解放される」という宗教的思想を解説した。

そうした思想を背景に、この鳥を聖なる存在とみなしたゾロアスター教は、信徒に対し、ニワトリを食べることを明確に禁止した事実がある。

宗教的な聖鳥としてニワトリを食べなかった地域は確かに多い。だが同時に、ニワトリを戦わせることで未来を占ったり、さらには娯楽としての闘鶏を行った地域も実は多い。古代から中世の日本においても、ニワトリを戦わせて、その結果をもとにこの先に起こることを占ったり、行動の方向性を決めることがあった。

ただ、そうした陰で、食用に向けた歩みが世界で着々と進んでいたこともまた事実である。アリストテレスの『動物誌』第六巻の第一章に、「アドリア海沿岸のニワトリは型は小さいが、毎日（卵を）産む。しかし、気難しくて、しばしばひなを殺す。このニワトリにはあらゆる色がついている」という文章がある。

現代のニワトリのように毎日卵を産む多産の鳥が、『動物誌』が書かれた紀元前四世紀にはすでにつくられていたことを、この文章は示している。また同時期に、羽毛の色がより鮮やかになるような品種改良が行われたことも、ここから読み出すことができる。

このほか、アリストテレスが生きた時代のエジプトでは、堆肥が発する熱を使った鶏卵の人工孵化も行われていた。『動物誌』第六巻の第二章に、この事実を伝える記述が見える。

ニワトリと同じく、古くから人間のそばで暮らしてきたハト。

カワラバトが改良されて伝書鳩になった経緯については「鳥と暮らす、鳥を飼う」（第五章）でも触れた。伝書鳩は古代のエジプトやバビロニアで利用されたほか、ローマ帝国では最速の通信手段として、広い領土の維持に貢献する存在となっていた。

一方でこの時期のローマにおいては、伝書鳩として使役されたハト以外に、食用目的で飼育されていたハトもいて、その肉が貴族の食卓に上がっていたことがわかっている。

ウズラの家禽化

ウズラは数多いる家禽の中、唯一日本で家禽化された鳥といわれる。

飼い鳥が大きなブームになっていた江戸時代、ウズラはウグイスとならぶ飼育鳥の中心的存在であり、ウグイスと同様に鳴き合わせの会も開かれ、声の優劣が競われていた。

飼育者が「愛ウズラ」を巾着袋に入れて町に連れ出し、友人・知人に見せて自慢するといったことも行われ、そうしたウズラを指す言葉として「巾着鶉《きんちゃくうずら》」という呼び名も生まれた。

こうした例が示すように、ウズラは江戸時代の日本において、「愛玩」のために家禽化されたのだが、同時に「食用」にもされた事実がある。

といっても、現代人が飼育するペットのウズラやニワトリを食べたりしないように、この時代の人々も、愛玩しているウズラを食べてはいなかった。食べられたのは、別途、捕獲された野生のウズラである。野生のウズラは鷹狩りの対象にもなっていて、タカが捕らえたウズラや、罠で捕らえられたものが食用とされた。

ウズラは鳴禽ではなく、その声質は遺伝的な要素に強く影響される。それゆえに鳴き合わせで勝てる「声のよいウズラの血統」が重宝されたこともあり、勝てる鳥は高価で取り引きされたこともあり、財産でもあるそんな鳥を食べるなど、飼い主には考えられないことだったにちがいない。

明治時代の後半、ニワトリよりもウズラの卵の方が栄誉価に富むことが当時の研究者によって報告されると、多くの卵を産むような改良がウズラに施された。

声がよいウズラの血統は、維新の荒波の中、幕末から明治の初期に完全に途絶えてしまっていたが、ウズラの飼育自体はその後も細々と続いていたようで、採卵用のウズラはそうしたウズラを母体として大正時代の初期に誕生したことがわかっている。

ウズラ（服部雪斎『華鳥譜』）

なお、現在、イギリスにも採卵目的で飼育されているウズラがいるが、彼らは日本から運ばれた日本由来のウズラの子孫である。

一方、アメリカの家禽ウズラはコリンウズラなど北米産のウズラを飼い馴らしてつくられたもので、日本やイギリスのものとは系統の異なる別種である。

ウズラは日本人が家禽化した唯一の鳥という事実は、現在、世界で認められている。だが、それに異論がないわけではない。

中国の前漢の時代などに、ニワトリの闘鶏のようにウズラを戦わせる闘鶉《とうじゅん》が幾度か行われていて、闘うウズラを増やす目的で中国で多数が飼育されたことがあった。ただし、そのウズラの血統は短期間で絶滅し、現代まで残ってはいない。そのため、日本のウズラが唯一の家禽ウズラとして世界に認められているかたちとなっている。

家禽化されたそのほかの鳥

肉や卵を食べる目的で家禽化された鳥としては、ほかに、ガチョウ、アヒル、バリケン、シチメンチョウ、ホロホロチョウなどの名を挙げることができる。

多くの場合、より肉の量が増える方向に改良が進められた。もちろん、多くの卵が採れるように行われた改良もあった。

ただし、より味の良い肉や卵になるような改良が行われたり、肉や卵をさらに美味しくするための食餌が研究されるようになったのは、ここ数十年のこととなる。美食を求めたローマ人がそれを試みた可能性はあるが、その事実を示す十分な証拠は見つかっていない。

◆ガチョウ

ガチョウには、ハイイロガンをもとにエジプトで作出されたガチョウと、サカツラガンをもとに中国で生み出されたシナガチョウの二種がいる。

ガチョウ

ヨーロッパで広く飼育され、高級食材のフォアグラにもされているのはハイイロガンから生み出された方だ。二種のガチョウはともに、家禽化されてから四千年が過ぎている。また、肉だけでなく、羽毛が羽布団やダウンジャケットの材料として使われているのも両者に共通する。

なお、フォアグラは実は、最近になってつくられるようになったわけではなく、古代ローマ人がすでにガチョウを肥育してフォアグラを生産し、食べていた記録がある。

ガチョウもよく人に馴れ、家族と見知らぬ人の顔を見わける高い認知能力をもつ。

そして、見知らぬ相手に対して金属的な響きのある大きな声で警戒音を叫び、嘴で執拗に攻撃する習性もある。そのため、家で飼育されていたガチョウが、番犬のような「番ガチョウ」の役目を担っていた例もあった。

アヒル

◆アヒル

マガモをもとに生み出されたのがアヒルだ。アヒルといえば白い鳥がイメージされがちだが、原種に近い色合いの個体もいる。家禽化は中国がもっとも古く、紀元前一〇〇〇年ごろには作出されていたとされる。

人間が文明をもつ以前から、マガモを中心としたカモ肉が大量に食されていたことから、家禽としてアヒルが誕生したことは必然だったともいえる。

なお、アヒルが飼育されている地域は、基本として、アジアの稲作地帯に重なる。中国南部からタイやラオスを経てバングラデシュにいたる稲作地帯では、古《いにしえ》より、田にアヒルを放して雑草や害虫の駆除を行ってきた。アヒルは農業の一部も担ってきたのである。

マガモやカルガモとアヒルの交配種であるアイ

ガモを田に放して稲作を行う「アイガモ農法」の原型をここに見る。アイガモに、祖先のアヒルと同じことをやらせていたのだ。

ちなみにアヒルは、戦前の日本においても広く飼育されていて、特に関西地域の田の周囲で見かけることが多かったと『鳥と人』の中で小松左京が指摘する。

小松は、「南大阪の都市河川や、水田地帯の用水池や灌漑水路に、白い、いわゆる『大阪種』のアヒルの群れがうかんでいるのを見た記憶がある」と語り、「畦道を尻をふりふり歩いてくる光景も見たことがある」と綴る。

かつての日本では、今よりもアヒルを目にする機会が多かったことが、回想の文章を通して生々しく伝わってくる。作家による、こうした体験からの指摘も、貴重な情報となる。

◆バリケン

ガン・カモ類から生み出された鳥としては、ほかにバリケンがいる。原種は中南米に生息するノバリケンとされ、もともとその地で暮らしていた人々の手で家禽化された。日本ではおもに沖縄県で食用の鳥として飼育され、現地では「観音アヒル」とも呼ばれている。

◆シチメンチョウ

アメリカにおいてクリスマス料理の定番となっているシチメンチョウは、もともと北米原産の鳥で、西洋人が入植する以前の今から二千年ほど前に、中央アメリカ先住民の手で家禽化された。

◆ホロホロチョウ

ホロホロチョウはアフリカ赤道部から南部にかけて広く分布するキジ目の鳥。最初に食用目的で飼育を始めたのはギリシア・ローマだが、ニワトリのようには広まらず、その飼育はいったん途絶える。

再家禽化されたのは、十六世紀にポルトガル人があらためて西アフリカからヨーロッパに持ち込んだ後のこと。その後、品種改良されて、ヨーロッパ人になじみの鳥となっていった。

ちなみにホロホロチョウの英名は、「Guinea fowl（＝ギニアのニワトリ）」。江戸時代の日本にも運ばれて絵師がその姿を記録に残しているが、その鳥たちもアフリカから直に持ち込まれたのではなく、オランダで改良された鳥が運ばれたと考えられている。

◆クジャク

ローマ帝国やその支配領域において、クジャクは美鳥として鑑賞されただけでなく、食用にもされた。食用の鳥を増やすことが目的だったかどうかははっきりしないが、クジャクの卵をニワトリに抱かせて雛を孵すこともあったことが『動物誌』の中に記されている。他種の鳥を仮親にして雛を孵化させる方法がローマ時代から知られていたことを、とても興味深く思う。

◆ダチョウ

アフリカ産の走鳥。かつてはアラビア半島にも亜種のアラビアダチョウが分布していたが、一九四一年に絶滅した（※一九六六年という説もある）。

古代ローマを代表する美食家として知られ、料理本『アピシウス』も執筆したマルクス・ガビウス・アピシウスは当然のようにダチョウを食べており、書籍の中でダチョウ料理にも触れている。

白シチメンチョウ（改良品種）

ホロホロチョウ

最近では、日本にも観光や食肉生産を目的としたダチョウ牧場が複数つくられ、ダチョウ肉を提供する店も増えてきている。

なお、ダチョウに関しては、特にこれといった品種改良は行われていないようである。

3　日本の鳥食文化

弥生時代から奈良時代

一国の食文化の歴史を時代を追って語ることはとても難しい。その国の歴史の流れと基礎的な文化を把握したうえで、時代ごとの食材とそれに対する人々の意識を理解することは容易ではないからだ。そのためここでは、もっとも理解のしやすい日本について、少し詳しく見ていきたい。とはいえ、日本であっても、古代から中世にかけては不明なことも多く、十分な史料に触れられるのは江戸時代になってからとなる。

まず、あらためて着目したいのが、日本におけるニワトリのポジションである。奈良県田原本町の唐古《からこ》・鍵《かぎ》遺跡から発掘されたニワトリの骨は、今から二千年ほど前の弥生時代中期のもので、日本で発掘されたニワトリの骨の中では最古級であることが判明している。また、おなじ弥生時代の環濠集落跡である、長崎県壱岐市のカラカミ遺跡からもニワトリの骨が出土していることなどから、日本にニワトリが渡来したのは弥生時代でほぼまちがいないと考えられている。なお、環濠集落とは、周りに濠をめぐらせた集落をいう。

続く古墳時代には、ニワトリを模した「鶏形埴輪」が、関東圏では埼玉県や栃木県、群馬県、

鶏形埴輪（雄）
（古墳時代、松阪市文化財センター所蔵）

近畿圏では奈良県や大阪府、京都府など、多くの土地の古墳から数多く発掘されている。こうした事実から、この時代にはすでに相当数のニワトリが、広く国内で飼育されていたと考えられる。

鶏形埴輪は古墳時代前期（三世紀後半〜四世紀後半）にはすでに見られ、五世紀、六世紀の古墳からも出土する。おもに見つかる場所は、古墳でもっとも高い場所である、その墳頂部。ここに並べられた埴輪は、古墳がつくられた時代に生きた人々の暮らしを再現したものと考えられていることから、古墳時代の人々の生活にニワトリは十分に溶け込んでいたと見なすことができる。

鳥を模《かたど》った埴輪には、鶏形のほかにカモなどの水鳥がモデルとなった「水鳥形埴輪」があるが、こちらの出現は鶏形埴輪から一世紀ほど後となる。さらに、置かれた場所が古墳を取り巻く周濠部の浮島的な部分などであることから、鶏形埴輪とはちがう目的で作られたのは明らかである。

古墳の周濠は、古墳の内と外を隔てる境界のようなものであり、また生者の世界と死者の世界を隔てる結界としての機能もあったとされる。水鳥形埴輪はその一部となっていた。ニワトリと水鳥とでは、明らかに人々の認識がちがっていたことが、ここからもわかる。

ニワトリは他国と同様、日本においても、その鳴き声に魔を払う力があると信じられていた。そのため、魔からの守護を目的に、個人の屋敷や神社などに置かれ、占いなどの神事にも使われてきた。

そうした背景からニワトリは、カモなどの水鳥とはちがい、あまり食材にはされなかったと予想されてきた。だが、実際には、弥生時代から古墳時代、飛鳥時代、奈良時代にかけて、カモ類などとともに少なからぬ量が食べられていたらしい。天武四年（六七五年）に出された動物食を禁じる令の中で、ウシ、ウマ、イヌ、サルに加えて、ニワトリを食べることも明確に禁止されたことが、鶏肉が食べられていた確かな証拠とされる。

六世紀半ばに仏教が公伝し、少しずつ国内に浸透する。その過程で、殺生を禁じる仏教と、穢《けが》れを忌避するこの時代の神道が強く結びついた結果、動物の肉を食べることが避けられるようになり、その後、千年に渡ってニワトリも、ほかの鳥類も、食べることに対する忌避感が強まり、結果的に、表立って食卓に上がることがなくなった。といっても、食べることが完全になくなったわけではないことは、はっきりしている。

平安時代〜鎌倉時代

平安時代の初期（九世紀前半）に成立した仏教説話集『日本霊異記《にほんりょういき》』の中に、鳥の卵を日常的に食べ続けることは人間にあるまじき非道な行為であり、そうした行為を繰り返したなら地獄の炎に焼かれる仏罰を受けると警告する話がある。

同じ内容の話が、三百年ほど時代を下った『今昔物語集』の中にもあるが、『日本霊異記』は野の鳥を含めた鳥一般の卵としているのに対し、『今昔物語集』では鶏卵と解釈される。

いずれにしても、「卵を焼いたり煮たりして食べる者は、必ず焦熱地獄に落ちる」という説法が、平安時代を通して行われていたらしい。

食べることが禁止された一方で、社会上層の者の住居や神社、農家など、広い層においてニワトリの飼育は続いていた。生きた時計として朝を告げてくれるうえに、そこにいること自体が魔除けになると信じられてもいたからだ。

それでも、鳥食が禁忌とされた千年のあいだにも飢饉は幾度もあり、また年をとったニワトリの処分も行われたはずで、記録には残っていないが、おそらくは相当数が食されただろうと推察されている。ただ、長くともに暮らした生き物には情も湧き、そうした相手を傷つけられなくなるのも人間の性。死ぬまで飼って、その後、埋葬した例は、食されたもの以上に多かった可能性も多分にある。

鎌倉時代に食べられた鳥類については、当時の住居跡から出土した骨から知ることができる。たとえば、千葉地東遺跡群（鎌倉市）からは、ハクチョウを含む、ガン・カモ類の骨が多く見つかっている。

また、数は少ないがニワトリの骨も同じ遺跡群から見つかっている。その中には、平均的なニワトリよりもかなり大型のものも含まれていた。

この点について研究者の金子浩昌は、『江戸の食文化』（江戸遺跡研究会編）収録の「江戸の動物質食料――江戸の町から出土した動物遺体からみた――」において、「大きな骨はおそらくシャモのような闘鶏用のニワトリだっただろう」と推察している。

江戸の鳥食文化

江戸時代は、日本を取り巻く環境や人々の意識など、さまざまなものが大きく変化した時代でもあった。平安時代、鎌倉時代に比べると少し科学も進み、迷信に囚われることも減った。鳥肉を食べようと鳥の卵を食べようと、前述した過去の説話のような凄惨な事件など起きないことも知るようになった。

食生活も大きく変化し、料理屋や居酒屋や茶店ができたばかりか、大都市には、前章で紹介したような、異国の珍鳥を見ながら茶や酒が飲める店までも登場する。

江戸市中では、「ももんじ屋」や「けだもの屋」などの名で、動物の肉を食べさせる店の営業も始まった。もちろん、カモをはじめとする鳥肉を専門に販売する店も、江戸や大坂には存在していた。

そんな、変化していく江戸の人々の日常が、随筆や個人の日記の中にリアルに綴られるようになる。文化・文政期の鳥食文化については、当代の著名な戯作者にして愛鳥家でもあった滝沢馬琴（曲亭馬琴）の日記が詳しい。

人気の戯作者である馬琴の家は決して貧しくはなかった。平均的な武士と比べて、かなりよい暮らしをしていたようにも見える。そんな滝沢家を訪問する客の多くは、ほんの顔見せ程度であっても、何かの手土産を携えてくるのがふつうだった。贈り物は魚介が多かったが、甘いもの好きの馬琴にあわせて菓子類も多く見られた。

日記から拾い出すことができる菓子類は、岩おこし、まんじゅう、焼まんじゅう、煎餅、らくがん（落雁）、水飴、鶏卵せんべい、きんつばもち、あべ川もち、かすていら、かすていら巻、などだ（表記は日記のまま）。ちなみに、柏餅、月見赤豆団子などは馬琴の家でもつくられており、端午の節句や月見の際に知り合いに届けられた。

ここで注目したいのが「かすていら」や「かすていら巻」である。この時代のかすていら巻がカステラをなにかで巻いたものなのか、逆に細く切ったカステラを巻いた菓子だったのか正確なところはわからない。はっきりしているのは、今からおよそ二百年前に、馬琴が「カステラ」を食べていたという事実と、カステラが鶏卵を使った菓子である、ということだ。

さらには、その名が示すように、鶏卵せんべいにも鶏卵が使われていたのだろう。

江戸時代、鶏卵の生産と販売はずっと行われていた。ただ、流通量は多くなかったようで、当時のものの値段がわかる資料などを見ると、馬琴の生きた時代においては、鶏卵一個が、かけ蕎麦一杯と同等の値段だったらしい。栄養のある食品だが高価ということで、ふつうの家では現在のように日常的には食べてはおらず、特別な場合にのみ食べるような貴重な食材だったようだ。

ニワトリ（日本に運ばれたヨーロッパ品種）
（梅園禽譜）

滝沢家でもなにかの際に鶏卵をもらうことがあった。逆に、滝沢家からの「お歳暮」として、塩引き鮭とともに鶏卵を複数の家に届けさせたという記述も日記には残されている。

馬琴が食べた鳥の肉

江戸時代、ニワトリの肉も食べられてはいたが、鶏卵やほかの鳥の肉に比べてその量は決して多くはなかった。そのかわりに食べられていたのが、カモやキジ、ヤマドリ、ウズラなどである。なかでもカモ類は、当時の人々にもっともよく食された食材だった。

文政十年（一八二七年）一月二十九日の馬琴の日記には、いろいろ買い物をした後、馬喰町橋の近くで営業していた店で「鴨そば」を食べたという記述がある。

さりげない文章から、「鴨そば」という食べ物は馬琴にとって決して珍しいものではなかったことが窺える。

鴨南蛮という文字を馬琴の日記に見つけることはできないが、喜多村筠庭《きたむらいんてい》著の『嬉遊笑覧』の解説によると「鴨なんばんは馬喰町橋づめの笹屋など始めなり」ということなので、馬琴が食べた「鴨そば」は「鴨南蛮」だった可能性もある。

さらに馬琴の日記に着目すると、文政十一年の日記の中に、鳥の肉に関して次のような記述を見つけることができる。滝沢家と他家のあいだで、キジ、ウズラ、カモなどの肉のやりとりがあったようだ。

二月十三日　娘婿・清右衛門から雉肉を少々もらう。

五月二十八日　松前老公より（病気見舞いに）塩鶉をもらう。
十一月六日　娘婿・清右衛門に鴨肉一皿をやる。
十二月四日　　松前老公より鴨一羽をもらう。

前年の文政十年の日記においても、十月二十四日、十一月二十七日、十一月三十日、十二月一日に、それぞれカモをもらった旨の記述がある。十一月五日には、滝沢家からカモを贈ってもいる。なお、松前老公とは、馬琴の長男が以前に出入りの医者をしていた屋敷の主人である。

馬琴がもらったり贈ったりした鳥肉の多くは、食用の鳥を専門に販売している店で入手したものと考えられる。食用の鳥肉を専門に売る店は、一般に「〆鳥屋《しめどりや》」と呼ばれ、馬場文耕の『当世武野俗談』（宝暦七年／一七五七年）などによると、日本橋安針町にあった東国屋が当時もっとも有名だったという。

このほか将軍や大名が鷹狩り等で捕らえた鳥を家臣に下賜《かし》する例もあった。さらには、そうした鳥を家来に分けたり、縁者に贈るといったことも行われていた。

だが、何人もの人の手を経た鳥は、冬場であっても最後の人間の手に渡るころにはすっかり傷んでしまっていることも多かったようだ。事実、馬琴が十二月一日に松前老公からもらった大ガモの雌はすでに腐って、匂いがひどく、とても食べられる状態になかったため、「植木のこやしとするべく」庭の林檎の木の根元に埋められたという。

「八百屋町飛禽店」（摂津名所図会）

大坂の鳥料理の店

鳥肉料理の店については、明治時代に刊行された『浪華百事談』（作者不詳）の中に興味深い文章がある。

記述は、『浪華百事談』が書かれた明治には鳥肉を食べさせる店は珍しいものではなくなっていたが、天保のころは極めて少なかったという書き出しに始まり、次のように続く。

「北堀江六丁目（あみだ池南門筋瓶橋の西なり。）に鳥屋ありて、表には小鳥を籠に入てならべ売る店にて、其内にて鶏叉はあひるを料理して客に売りしなり」

この店を、大坂で唯一の鳥料理の店と紹介している。

なお、大坂の町を文章とイラストで紹介した『摂津名所図会』（寛政八〜十年／一七九六〜九八年刊行）の中に「八百屋町飛禽店」というページがあり、そこでは、店のある部分では愛玩用の鳥を売り、店の別の場所では食肉用のカモと思われる鳥をさばいている様子が描かれていた。

食べる鳥も飼う鳥も同じ店で扱うというのは江戸ではほとんど見られないことで、大坂ならではといえる。

第九章　鳥の利用

1　人類史初期の利用

弓矢と羽毛

食べることを除いた鳥の利用の筆頭は、なんといっても「羽毛」である。

今は鳥だけがもつ羽毛。原型の完成は、恐竜時代の一億五千万年以上前に遡ると考えられているが、羽毛がもつ芸術レベルの繊細さは、科学が進んだ今でも再現することができない。

また、羽毛が、実は恐竜の体表のウロコが変化したものであり、もともとの素材は同じと知ったとしても、その原型を想像するのは、やはりかなり難しい。触れたときの柔らかさとぬくもりが、私たちには強く印象づけされてしまっているからだ。

人間は鳥の羽毛を寝具や装身具としたほか、矢羽《やばね》などにも活用した。

イラスト化したバレンシア州カステリョン県の岩絵

そうした羽毛の利用は相当古い時代まで遡ると考えられているが、硬い骨とちがい、羽毛は比較的短時間で分解されてしまうために証拠が残らず、羽毛がいつから使われだしたのか、正確なことを知るのは、かなり困難である。

だが、洞窟壁画などに「絵」が残っていれば別だ。最古ではないにせよ、絵が描かれた時代に、絵の内容に沿うかたちで羽毛が利用されていたことは、おそらく確かだからだ。

弓矢は、食べ物（＝獲物）を狩るために生まれた。同時に弓矢は、人間どうしの争いの場において武器にもなった。ほどなくして矢の尾部には、より正確に、より遠くまで飛ばすための「矢羽」がつけられるようになる。

詳しい理屈はわからないものの、それをつけることで正確な「射」ができるようになった。

矢の「射の確実さ」を大幅に向上させた矢羽は、古代における大きな発明となった。

そんな矢羽が描かれていると見られる岩絵が、スペイン南部、バレンシア州カステリョン（カステジョン）県のヴァルトルタ渓谷に残っている。

絵はおよそ一万年〜五千年ほど前のもので、二組の人間グループがたがいに向かって矢を放つ構図になっていて、それらの矢の一部に矢羽らしきものが見える。絵は人類最古の戦争が描かれたものと推測されているが、これが本当に矢羽つきの矢であるなら、羽毛の利用としても最古級であることはまちがいない。

最古の鳥製品はダチョウ卵？

鳥の羽毛には、優れた保温・断熱の力があり、それによって自身や雛の体温を維持している。ことに、裸の状態で生まれてくる多くの鳥の雛にとっては、親の体温によって温めてもらえる翼の内側は、まさに「ゆりかご」のようなものでもある。

こうした羽毛の保温力については、羽毛布団やダウンジャケットを通して多くの人が実感するところだが、はたして誕生した当時の人類も、その恩恵を受けたのだろうか？

人類はアフリカで誕生し、シナイ半島から中近東を経て世界に拡散した。人類発祥の地は南アフリカか東アフリカか、という議論は今も続いているものの、アフリカの「寒くない場所」で誕生して、しばらく「そこ」またはその周辺で暮らしたのは確実とされる。

医学的、人類学的な分析から、誕生した当時のホモ・サピエンスは、現在のアフリカ人と同様に暑い土地に適応した人々だったことが判明している。そのため、アフリカに居住していたころの人類には、温かい羽毛の衣服は必要なかったと考えられている。

だからといって、石器時代の人類がまったく鳥を利用しなかったわけではない。

今から五万年ほど前になると、人類の美に対する意識に変化が出るとともに、「ものづくり」の技術にも向上が見られるようになる。

ジャレド・ダイアモンドが『銃・病原菌・鉄――1万3000年にわたる人類史の謎』で指摘したように、この時期のアフリカの遺跡からは、ダチョウの卵の殻を加工したビーズ状の装身具も出土している。

一定の大きさに砕いたダチョウの卵をヤスリに相当するもので削って形状を整え、真ん中に穴を空けて紐を通す。長いものはネックレスになるし、コンパクトにつくればブレスレットやアンクレットにもなる。

ダチョウの卵殻を使ったこのようなビーズ・アクセサリーは、現在もボツワナ共和国などで土産品として売られている。

どうやら五万年前にアフリカで暮らしていた人類の祖先たちも、同じようなアクセサリーを身につけていたらしい。形として残っている鳥由来の製品は、おそらくこのあたりが最古となる。

鳥の骨が楽器に

その後、鳥の利用はさらに拡大する。ドイツ南部のホーレ・フェルス洞窟から、およそ四万年前の、人の手で穴が開けられたシロエリハゲワシの上腕骨が出土したのだ。骨はフルートのように見えた。この骨は、人類最古の「楽器」と推測されるとイギリスのネイチャー誌は報じた。骨には特定の間隔で五つの穴が開けられていたことから、この骨製フルートは、音階のある音楽を奏でることが可能だったと考えられている。

さらには、そこから時代が下った紀元前六世紀ごろには、今の中国河南省周辺でも鳥の骨を使った笛（骨笛）がつくられていたことが判明している。発掘された笛は、タンチョウの骨と同定された。やはり、鳥の——特に大型鳥の上腕骨など、内部が空洞となっている丈夫で長い骨は、楽器として利用しやすかったのだろう。

羽毛と翼の精神的な利用？

鳥の羽毛や翼は、長いあいだ人類の憧れだった。

鳥の後を追うように樹上で進化した人類の祖先は、翼を得ることなく地上生活に戻った。手や指を使うことで道具や文明、科学を手にすることになっても、空を飛ぶ能力をもった先達への羨望は、心の底に残ったままだったのかもしれない。

いや、世界や、そこに暮らす生き物に対する認知が深まるにつれて、羽毛に覆われた美しい翼への憧れは、さらに強まった可能性もある。

今につながる宗教のかたちができあがりつつあった数千年前、神の遣いとして、「人間と神をつなぐ存在」が求められた。多くの宗教において、神の座ははるかな天空にあるとされた。そこに行くには翼か、それに代わるものが必要となる。

源を等しくすることから、宗教分類上の近さが指摘される、キリスト教、ユダヤ教、イスラム教において、ともに、神の遣い（使い）である「天使」の背に翼が付けられたのは必然だったともいえる。

キリスト教では、「天使」は霊的な存在で、実体をもたない。それでも、必要に応じて肉体を得て人間の前に現れるとも考えられていた。『聖書』においては、天使の姿、見た目についての記述がほとんどなく、翼の有無も明確にされないが、四世紀以降にキリスト教圏で描かれた天使の絵画には、基本的に翼が描かれるようになった。

なお、天使の翼は小鳥や海鳥の翼ではバランスが悪く、人物（特に大人）とうまくマッチしなかったことから、特に絵画においては、現在見られるような猛禽に近い翼になったと考えられている。

一方、ユーラシアの東端、弥生時代の日本において、一部の宗教的指導者（シャーマン）が行っていた鳥を真似た衣装を纏う「鳥装」は、神の代弁者であることを主張し、より神に近づくためのものでもあった。その意識のあり方には、天使という存在と、ある種の類似性も感じられる。また、日本神話における神の遣いの八咫烏も、巨大なカラスという鳥の姿をしてはいるが、与えられた役割としては、キリスト教などの天使に近いイメージもある。

いずれにしても古代の宗教の現場において、「羽毛」に覆われた「翼」は、人間を超えた特別な存在の象徴であったことはまちがいないのだろう。

だが、その後、文明の発達とともに、羽毛は霊的な意味を失い、実用的な「もの」として、さまざまな場所、さまざまな場面で活用されることとなる。

2 保温、断熱に利用された羽毛

北欧に始まる羽毛の利用

羽毛を使った保温具として、すぐにイメージされるのは羽毛布団（羽根布団）とダウンジャケットだろう。日本では一九七〇年ごろから羽毛布団が、ダウンジャケットも一九八〇年以降、一気に認知が広がり、よく見る製品となった。だが、実は両者の歴史には千年以上もの隔たりがあることをご存じだろうか?

ダウンジャケットに相当する衣服は、もしかしたら過去にも個人の手で自分用として作られたことがあったかもしれないが、衣料品としてダウンジャケットが量産されて普及したのは一九三〇年代で、まだ百年の歴史もない。日本においては、わずか四十年ほどとなる。

一方の羽毛布団を世界で最初に日用品として使い始めたのは、ヨーロッパ最北のノルウェー北部やアイスランドの人々で、九世紀にはすでに北欧一帯に広まっていた。イングランドで西暦一〇〇〇年ごろに使われていた古英語にも、「羽根布団(feather bed)」という言葉が見られる。

こうした例からもわかるように、千年以上にもわたる歴史が羽毛布団にはあるのである。

鳥の羽毛の優れた断熱効果は、一万メートルの上空を飛ぶアネハヅルや、マイナス四〇度にもなる極寒の真冬の南極大陸で抱卵するコウテイペンギンなどが証明している。

二十世紀になり、アヒルやガチョウなどの家禽の羽毛が大量に採取されるようになると、羽毛布団は日本など、欧州以外でも利用されるようになった。

ちなみに、羽毛布団を利用している人に中味はなにか知っているかと尋ねると、だいたい「鳥の羽根でしょう?」というシンプルな答えが返ってくる。利用者であっても、多くの人は羽毛布団の中の「羽毛」の具体的なイメージをもってはいないようだ。

ふだん私たちが見ている鳥の羽毛は、彼らの体表を覆う「正羽《せいう》」だ。尾羽や、飛翔力を生み出す風切羽などもこれに含まれる。羽根ペンや矢羽、羽箒《はぼうき》ほか、ほとんどの鳥製品は、硬いしっかりとした羽軸をもったこちらの羽毛が使われている。

一方、羽毛布団やダウンジャケットに使われているのは、鳥の皮膚と正羽のあいだにある、外からは見えない羽毛「綿羽《めんう》」である。「down feather」（＝ダウン）と呼ばれる綿羽は、「綿《わた》のような羽毛」という名称のとおり硬い羽軸がなく、ふわふわで、タンポポの綿毛よりもさらに軽い。

服を重ね着する際、服と服のあいだに適度な隙間（＝空気の層）があった方が保温効果が高まり、より温かくなるが、ダウンはまさに空気の層をその内にもつ極上の羽毛だ。だからこそ、ダウンは軽く温かい。

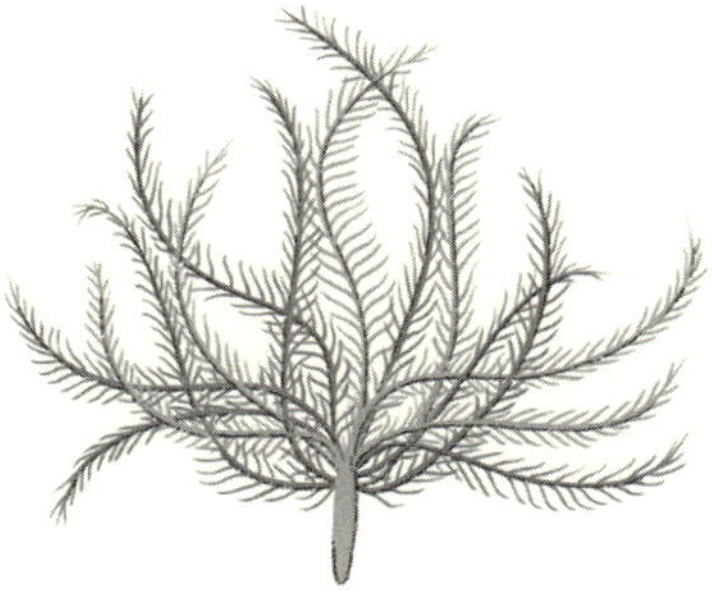

綿羽

羽毛布団は、「雛鳥が感じている安寧を、人間も享受できたら……」という寒冷地に暮らす人々の願いを叶えてくれた、すばらしい贈り物となった。

ガンやカモなどの水鳥は、寒い土地で繁殖するものも多いことから、陸《おか》の鳥に比べて綿羽が発達していて量が多い。ことに極地に近い場所で繁殖する鳥ほど、良質の綿羽をもつ。また、ほとんどが大型なので、一羽から採れる綿羽の量が小鳥類などの比ではない。そのため、過去においては、寝具や保温具に利用される綿羽は基本的に野生の水鳥から採られてきた。

だが、現在の需要を満たすだけの量の綿羽を野生の鳥から強制的に採り続けると、複数の種が一瞬で絶滅してしまう。よって今は、人間が食用を目的に家禽化した鳥から採取するのが一般的となっている。

共生のヒントをくれたケワタガモ

北極海に面し、夏でも寒い北欧の最北の地で繁殖する水鳥の中には、自身の体から抜いた羽毛をふんだんに使い、断熱性に優れた巣を作るものも少なくない。ケワタガモもそうした鳥の一種である。

「ケワタガモ（毛綿鴨）」という名のとおり綿羽の豊富なカモで、さまざまなイメージもふくらむこの名称からは、人間が受けてきた恩恵も透けて見える。

ヨーロッパで暮らすケワタガモの仲間は、ケワタガモと、それより少し体が大きいオオケワタガモ（ホンケワタガモ）の二種。「Common Eider」という英名からもわかるように、現地でより一般的なケワタガモとして認知されているのは、オオケワタガモの方となる。

ヨーロッパのカモ類で最大サイズのオオケワタガモは、当然ながら、そのぶん綿羽が豊かで、さらにカモ類は単独で営巣するものが多い中、この種は集団で営巣し、ときに数千羽ものコロニーをつくることがある。つまり、羽毛を取るには最適種といえる鳥だった。

家禽ではなく野生の鳥から羽毛を採っていた時代、羽毛を使った布団や枕、キルティング製品の中の詰め物などに、この鳥の綿羽が使われた。その期間は、千年以上にも及ぶ。布団にできるほどのまとまった量の羽毛を確保できる鳥が身近にいたことは、北欧の人々にとって幸いなことといえた。

世界で初めて羽毛布団をつくり、その恩恵を受けたノルウェー北部やアイスランドの人々は、早い段階で、「鳥を殺して綿羽を奪う」のではなく、巣づくりを始めたつがいから少しずつ羽毛を分けてもらったり（こっそり盗んだり）、育雛が終わった巣から使い終わった羽毛を分けてもらう方が効率的であることに気づいていた。

殺して奪うと、いずれ羽毛を採れる鳥はいなくなってしまう。それより、鳥はそのままにして、今年も翌年も翌々年も、使い終わった巣から同じように羽毛を分けてもらえばいい。長期に渡って羽毛を確保し続けるには、この方法が最適といえた。オオケワタガモが同じ営巣地を使い続けるかぎり、羽毛が約束されるからだ。

このシステムが永劫に続くことを願った人々は、積極的に鳥を保護した。外敵を営巣地に近づけないように見張り、繁殖率を高めるサポートをし、安心して子育てができることを鳥たちに理解してもらうことで、繁殖するつがいを増やす。すると、野生のままで暮らしながらも、鳥も人間に馴れて、人間を見ても怖がらなくなった。一定の距離を保ったまま、半馴化《はんじゅんか》とよばれる状態で人間も鳥も世代を重ねていった。

今を生きる人間も参考にできる、よりよい鳥との共生のモデルがここにあったわけである。

羽毛布団、羽根のベッドはその後、ヨーロッパ南部にも広がり、裕福な人々に使用されるようになった。『オセロ』や『ヴェニスの商人』などの十四世紀に書かれたシェイクスピア作品にも、羽毛製品が登場する。

また、ヨーロッパの地でずっとオオケワタガモの綿羽が使われ続けたことは、ハンス・クリスチャン・アンデルセンの童話作品である『えんどう豆の上に寝たお姫さま』からも知ることができる。「本物のお姫さま」であることが証明されることになった、一番下にえんどう豆が置かれたベッドには、ケワタガモの羽毛でつくられた二十枚の羽毛布団が敷かれていたからである。

羽毛を使った衣服

ニュージーランドの先住民であるマオリ族など、近現代まで文明と深く接してこなかった社会では、羽毛が衣服を作る材料として活用された例があった。やや寒冷で、かつ鳥類が豊富に生息していた土地の原始社会や原始に近い社会においては、羽毛は身を飾る装飾品はもちろん、衣服としても利用されたことが、ここからわかる。

ただ、羽毛の衣服には大きな問題もあった。製造する手間である。

哺乳類の場合、毛皮はその名のとおり、毛と皮が一体化している。血や脂肪を取り除き、清浄な状態にしてなめすと、毛皮は衣服のほか、さまざまなものに活用できた。

ネイティブアメリカンの「ウォー・ボンネット」

白いエグレットを髪につけたマリー・アントワネットの肖像画

一方、鳥の皮膚は薄く、ダチョウなど一部のものを除けば、そのまま利用することは難しい。仮に皮膚をはがしたとしても、羽毛はやがて抜け落ちてバラバラになってしまう。

そのため、羽毛に覆われたかたちの服に仕立てるには、基盤となる繊維の中に羽毛を一本一本埋め込んでいく必要があった。さらには、羽毛根元側の羽軸（羽柄《うへい》）を折り返して簡単に抜けなくする加工を加える必要もあった。つまり、羽毛の衣服をつくるには、かなりの手間と時間を要した。また、一着の服をつくるのにも、数羽から数十羽の鳥が必要だった。

こうした事情もあって、ダウンジャケット製品化以前の羽毛の衣服への活用は、「保温」ではなく「装飾」が中心となっていた。集団の長や王、宗教的な指導者が、その権威・権力の象徴として、美麗な羽毛のついた装飾品で身や頭上を飾ったことがわかっている。

頭部を鳥の羽毛で飾る文化は世界の各地にあった。中米アステカの地においては、ケツァールの羽毛を中心に作られた冠状の装飾が歴代のアステカ皇帝の頭上を飾っていた。神聖な鳥とされたケツァールの羽毛を利用できるのは、王だけの特権だった。

スー族など、平原に暮らすネイティブアメリカンの部族長はかつて、戦闘時において頭にヘアバンド状の羽飾り「ウォー・ボンネット」をつけたが、現在はおもに儀式の際につけられている。ヨーロッパを中心に帽子などにつけられて頭部を飾った羽飾り「エグレット」。白いエグレットを髪につけたマリー・アントワネットの肖像画も今に残る。なお、東方の国でターバンにつけられた羽飾りも「エグレット」と呼ばれた。

こうした利用が、服飾における羽毛利用の最たるものといえる。

マオリ族に話を戻すと、マオリ族にはキーウィやハトの羽毛を使った全身衣装や外套などがあり、二十世紀の初頭まで実際に使われていた。そうした衣装を纏った写真も、現代に残っている。

ポリネシア系であるマオリ族のもともとの居住域は熱帯から亜熱帯の島々である。寒冷な土地を含むニュージーランドに移住してから、この地の豊富な鳥類も衣服の資源として活用するようになったと考えられている。特に、保温効果が高かったと推察されるキーウィの羽毛の衣装は、女性の全身を包むような衣服として活用された。

3　美しくありたい、特別でありたい

色鮮やかさの象徴として

人間は色鮮やかなものに惹かれる感性をもっている。だが、文明が進むまでは多彩な色を人工的に生み出す力をもたなかった。そのため、色のある天然の素材に目が向けられた。花、鳥の羽毛、宝石に関心が集まったのも、そうした気持ちがあってのこと。衣類や装飾品に文字どおり色を添えようと思ったなら、これらを身につけるのがいちばんだった。

ラピスラズリやトルコ石の青、ヒスイの緑ほか、さまざまな宝石・準宝石がもてはやされ、ネックレスなどの装飾品となり、さらには透明な石にも関心が集まった。

植物などを使った染色の技術が発達すると、布や衣服の色のバリエーションが増えていったが、それでもなお、鳥たちがもつ鮮やかな羽毛の色をつくりだすことはできず、尾羽や飾り羽のような形状のものも人間の手で創り出すことは困難だった。

だからこそ、純粋に美を求める人間に加え、儀式を執り行う人間、地位を誇示したい人間、舞台に立つ人間などからも、鳥の羽毛が求められたのである。

ちなみに鳥は、メラニン（茶～黒・灰色）やカロチン（赤～黄）など、複数の色素を羽毛にもち、

それが鮮やかな羽色を生み出す素材となっているが、加えて一部の鳥は、羽毛表面の特殊な構造からも色を創り出していた。色素ではなく物理的な構造が生み出した色は、一般に「構造色」と呼ばれる。

例えば、セキセイインコの原種は鮮やかな緑色をしているが、このインコは緑色の色素をもっていない。あるのは黄色い色素と、黒や褐色系の色素だけで、「緑」は実は、羽毛表面の凸凹が光を回折させてつくっている構造色である。

下地がない状態では、緑に見えているセキセイインコの羽毛は構造色のために青くなる。下地に黄色い色素があるので、「黄色＋青で緑に見えていた」というのが、この鳥の色の真相だった。構造色は鳥のほか、モルフォチョウなどの蝶類やタマムシなどの甲虫類ももっているが、こうした生き物の構造色のしくみを再現した繊維をつくり、衣服などに利用する試みも始まっている。より鮮やかな色を手にしたいという古からの願いは、今、叶いつつある。

近現代ファッションの中の羽毛

衣服以外でもっとも多く、多彩に羽毛が使われたのは、婦人用の帽子だろう。

貴族や王家が民衆を支配していた時代も、飾り羽根のついたヘッドドレスや帽子はあったが、社会の上層階層に位置する女性が外出時には必ず帽子をかぶり、その帽子にほとんど例外なく鳥の飾り羽が装飾されるようになったのは十九世紀末からであり、このようなファッションの流行は、二十世紀初頭をピークに、半世紀ほど続くこととなった。

一九〇八〜一九一一年ごろの『マッコールズ』(米)などのファッション誌の表紙には、こうした帽子をかぶった上層階層の女性が毎月登場したほか、日本からもヨーロッパに向け、ダイサギなどの白系サギ類の飾り羽や尾羽が大量に輸出されていた事実がある。

そして、明治の末から、大正ロマンが謳われた大正時代の日本においても、洋装が進む中で、帽子をかぶる女性が増え、ときにその頭上を鮮やかな鳥の羽毛が飾ることとなった。

その後、演劇が大衆の娯楽となった二十世紀には、役者の舞台衣装にもさまざまなかたちで羽毛が採用されるようになる。ラスベガスのショウや、日本の宝塚歌劇団のきらびやかな衣装には、クジャクほかの地上性の大型鳥から採られた長い尾羽などが効果的に使われ、高いエンターテインメント性が発揮されるようになった。

ソーア・ハンソンの『羽』によると、ラスベガスの舞台を支えたある衣装工房には、衣装の補修用として、ダチョウ、レア、キジ、シチメンチョウ、ニワトリ、ガチョウなどの羽毛が、いつでも使えるかたちでストックされていたという。

羽毛ファッションに関してもう一点だけつけ加えると、少なくともこの半世紀、日本人は毎年、正月や成人式に大量の羽毛を目にしているし、若い女性は直に触れてもいる。振り袖などの女性の着物に合わせた白を基調としたショールの何割かは、柔らかな素材の羽毛製品だからだ。

羽毛は武士や騎士の兜も飾った

封建社会だった中世ヨーロッパには、主君に忠誠を誓う騎士がいた。鎧兜姿で描かれることも多い騎士だが、その兜に「赤い羽根」がつけられることがあった。それは、勇気や武勲に優れた真の騎士の証として、仕える主から贈られたものだったという。

そんな騎士の起源はローマ時代にまで遡る。騎士の兜もしかり。

「ガレア」と呼ばれたローマ兵士の兜の頭頂部には、習慣的に飾りが付けられることが多かったが、飾りの素材として多用されたのが鳥の羽毛と馬の毛だった。

ちなみに兜に鳥の羽根が飾られる例は、戦国時代から江戸時代にかけての日本にもあった。「変り兜」と総称される兜の一角をなすもので、戦国武将が実際に戦場《いくさば》で被ったほか、後の平和な徳川の世においては「見せる兜」として一部の大名が所有した。

戦場はもちろん、趣味に没頭できる平和な時代においても、誰よりも目立つことが重要だったため、そうした兜においては長い羽根が好まれた。よく使われたのは、キジやヤマドリの尾羽などだが、目玉模様も鮮やかな孔雀の飾り羽が使われた例もあった。

例えば、細川ガラシャ（明智玉子）の夫であり、肥後熊本藩の初代藩主となった細川忠興《ただおき》の「山鳥頭立越中頭形兜《やまどりずたてえっちゅうずなりかぶと》」は、頭頂から複数のヤマドリの尾羽を垂直に立てたものとなっていた。

その子孫で、熊本藩の五代目藩主となった細川宗孝も、祖に倣うように「頭形雉子羽根前立《ずなりきじはねまえたて》

「細川宗孝所用　頭形雉子羽根前立兜」（永青文庫蔵）

兜《かぶと》」というキジの尾羽を正面に向けて扇形に大きく開いた飾り兜を所有し、今に遺している。

表面をぐるりと覆うように孔雀の羽毛を天に向かって立てた兜は、だれが使ったものなのかはっきりしないが、毛利家伝来の逸品として知られている。

豊臣、徳川に仕えた立花宗茂は、「垂《しだ》り尾」という言葉のように、後頭部からニワトリの尾をしだらせた兜「大輪貫鳥毛頭形兜《おおわぬきとりげずなりかぶと》」を所有していた。

4 道具となった羽毛

羽根ペンの始まり

文字が誕生し、〝書く〟機会が増えるにつれて、いくつもの筆記具も発明された。特に、紙やそれに類するものが普及してからは、情報や記録を書き残すための「ペン」が不可欠となった。

ヨーロッパからアフリカにおいて、もっとも古くから利用されていたのは、乾燥させた葦の茎からつくられた「葦ペン」で、古代エジプトでは紀元前四世紀ごろから、パピルスに文字を記す際に使われていた。

その後、ヨーロッパで実用化されたのが、鳥の羽毛をペンにした「羽根ペン」である。

羽根ペンは、万年筆やボールペンなど近代的な筆記具が発明されるまで、千三百年ものあいだ利用され続けた。特に、記録を纏めた書類を編纂していた所や、写本の現場では、文章を綴るために不可欠なアイテムとなっていたようである。

一方、アジアでは、殷代かそれ以前の中国で発明された墨と筆が、三千年以上に渡って利用され続けた。日本や中国で羽根ペンがほとんど利用されなかったのは、羽根ペンの発明以前からすでに筆が普及しており、別の筆記具を必要としなかったことが大きい。

また、一本の筆は羽根ペンよりもはるかに長く使い続けることができたため、コストパフォーマンスの点でも筆に軍配が上がったようである。

羽根ペンは鳥の風切羽を加工してつくるが、ある程度大きさのある羽根でないと、ペンとして使いこなすのは難しい。ヨーロッパにおいては、サイズの大きなカラスとガチョウの羽毛が最適とされ、カラスはおもに製図用に、ガチョウは文字を書くことを中心に使われた。ほかに、ハクチョウやシチメンチョウの羽毛が採用されることもあった。

ガチョウの風切羽が羽根ペンの中心素材となったのは、食用にするために大量に飼育されていたことに加え、ある時期からはその綿羽が羽毛布団の材料にもなったため、さらに飼育数が増えて供給が安定したためでもある。

葦ペンには長い使用実績があったにもかかわらず、利用が減り、しだいに羽根ペンへと置き換わっていったのは、いくつもの使用上の利点が羽根ペンにあったためだ。

羽根ペン

葦ペンも羽根ペンも、定期的にインク瓶（インク壺）にペン先をつけてインクを補充する必要があったが、羽根ペンでは中空の羽軸により多くのインクを溜めておけたため、インク瓶に浸す回数を減らすことができた。また、耐久性もずっと高かったうえに、羽根ペンは羽毛のサイズを変えることで、線の太さも自在に変えることが可能だったということもある。細かい字やイラストを描く際には小型の鳥や羽軸の細い鳥の羽毛を使えばよく、この点でも使い勝手がよかった。

英語の「ペン（pen）」は、ラテン語で「羽毛」を意味する単語の「ペンナ（penna）」からきている。つまり、ペンの名の由来も「羽毛」にあったということ。ペンと羽毛には、誕生から切っても切れない関係があったのである。

ちなみに、パソコン全盛の今は「フォント」と呼ばれることも多い文字の形だが、筆で書かれた文字が、筆に由来する形状となって現代のフォントの中に生きているように、羽根ペンの全盛期の文字は、羽根ペンに由来する形状のフォントとなって今に残っている。

鳥の利用の影響は、文字形状の文化の中にも生きているのである。

毛鉤と茶箒

熊本、水前寺公園のササゴイが自身の羽毛や他種の羽毛を疑似餌《ぎじえ》にして魚を獲るように、人間もまた、餌に似せた釣鉤《つりばり》をつくって魚を騙し、釣り上げてきた。毛鉤《けばり》やフライと呼ばれたその釣り具には、ときに鳥の羽毛も使われた。日本ではかつて、カツオ釣り用の毛鉤にトキの羽毛が使われたほか、アユ用の毛鉤にはキジなどの羽毛が使われていた。

欧米のフライフィッシング用の毛鉤に使われたのは、ガチョウ、シチメンチョウ、キジ、コガモ、ニワトリのほか、斑紋の入ったさまざまな小鳥類の羽毛も利用されたという。

羽毛の箒、羽箒は今でも広く世界で使われているが、日本では、茶道の炭手前で使用されるものがよく知られている。

茶の湯の席では、ツル類やワシ・タカ類のほか、コウノトリ、ハクチョウ、フクロウ、ノガン、トキなどの風切羽や尾羽から作られた羽箒が使われた。なお、トキの羽箒は国内のみならず、二十世紀の初頭には高価な輸出品としてヨーロッパに送られていた事実もある。

お守りとしての羽毛

鵜飼の様子を見てもわかるように、ウの仲間は、飲み込んだ魚を苦もなくするりと吐き戻す。

カワウ

そうしたことから、ウの羽毛を安産のお守りとする民間信仰が生まれ、昭和の半ばごろまで、出産にのぞむ妊婦にウの羽根を握らせる、といったことも行われていた。

日本神話にも、天皇家の祖を産んだ豊玉姫が、安産を願って海辺の産屋の屋根をウの羽毛で覆おうとしたというエピソードがあるが、これも同様の信仰がもとになったと考えられている。かなり特殊な例だが、これもまた羽毛利用のひとつのかたちといえるだろう。

ネイティブアメリカンの安眠のお守りに羽毛が使われるケースがあるように、詳しく調べていったなら、鳥の羽毛をお守りがわりにする民間信仰は日本以外にも多数、見つかるように思う。

武器から遊具、スポーツへ

戦や狩りの道具として、弓矢には長い歴史が存在する。飛翔性能を向上させるための試行錯誤が行われ、矢羽のかたちや枚数、材質などが最適化されてきた。その過程で矢羽に適した素材として選ばれたのは、ワシ、タカ、キジ、ヤマドリなどの尾羽や風切羽だった。

十九世紀後半になると、スポーツの現場で羽毛の新たな利用がスタートする。コルク製のシャンパンの栓にニワトリの羽毛を差し込んだ「シャトルコック」を打ち合うゲーム「バドミントン」が誕生したのだ。シャトルコックの「コック(オンドリの意)」は、その初期においてニワトリの羽毛が使われていたことの名残であるが、現在はプラスチック製のもの以外では、ガチョウの羽毛が主に使われている。

バドミントンの誕生以前にも、羽根を打ち合う遊びは存在していた。日本において、女子の遊戯として発展してきた「羽根つき」もそのひとつ。木製の羽子板で二者がたがいに打ち合ったり、独りで何回つけるかに挑戦する遊びは、室町時代において、すでに現在とほぼ同じルールで行われていたことがわかっている。

羽根つきで打ち合う「羽根」は、ムクロジという木の種子に鳥の羽毛を差し込んだもので、「羽子」とも呼ばれた。魔を祓い、健やかに育つことを祈る縁起物として、武士の家に女児が生まれると羽子板を贈る習慣が江戸時代にでき、やがて庶民にもそれが広まる。そこから、正月の遊びの定番として、羽根つきが定着したと考えられている。

翼から学んだ技術

鳥の翼や、風切羽の形状からも、人間は多くのことを学んだ。

重力に逆らって上空に舞い上がるための力「揚力」、作用・反作用が生む推進力といった力学の理解が進んだ結果、飛行機や、風を受けて舞うグライダーが発明される。飛行機を製造する技術はあっという間に進み、最初の発明から数十年後には、音速を超える機体まで開発された。この分野の技術の進歩の速さには、本当に驚きを禁じ得ない。

レオナルド・ダ・ヴィンチが、空を飛ぶ機械を夢見て、思考実験を繰り返していたことは有名である。鳥が空を飛ぶ秘密を解き明かし、それを機械に生かしたいと願い、ダ・ヴィンチは身近な鳥を多数スケッチした。その記録は、「鳥の飛翔に関する手稿」（一五〇五年ごろ）というタイトルの文書となって、トリノ王立図書館に収蔵されている。

ダ・ヴィンチが鳥のように羽ばたいて飛ぶ飛行機の設計図を描き残したのは、日本がまだ室町時代だった一四九〇年のこと。この図面をもとに飛行機械を製作したとする説もあるが、事実は確認されていない。なお、このタイプの飛行機械は現在、「オーニソプター」と呼ばれている。いずれにしてもダ・ヴィンチの試みは、飛行する機械の開発とその進歩において、大いなるステップとなった。

アメリカ人のライト兄弟が、動力を備え、翼をねじることで飛行方向の制御ができる、いわゆ

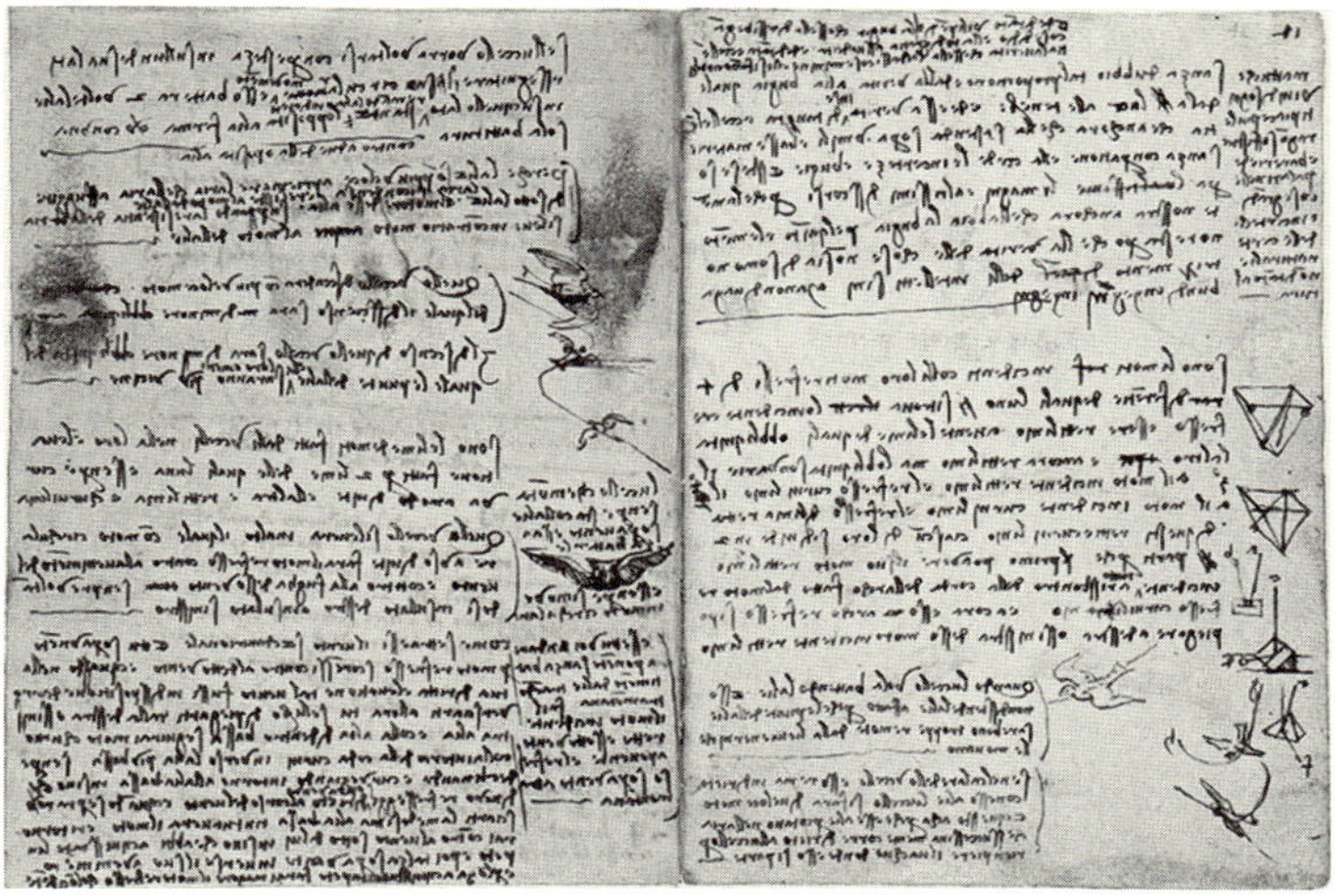

ダ・ヴィンチ「鳥の飛翔に関する手稿」（1505年ごろ、トリノ王立図書館蔵）

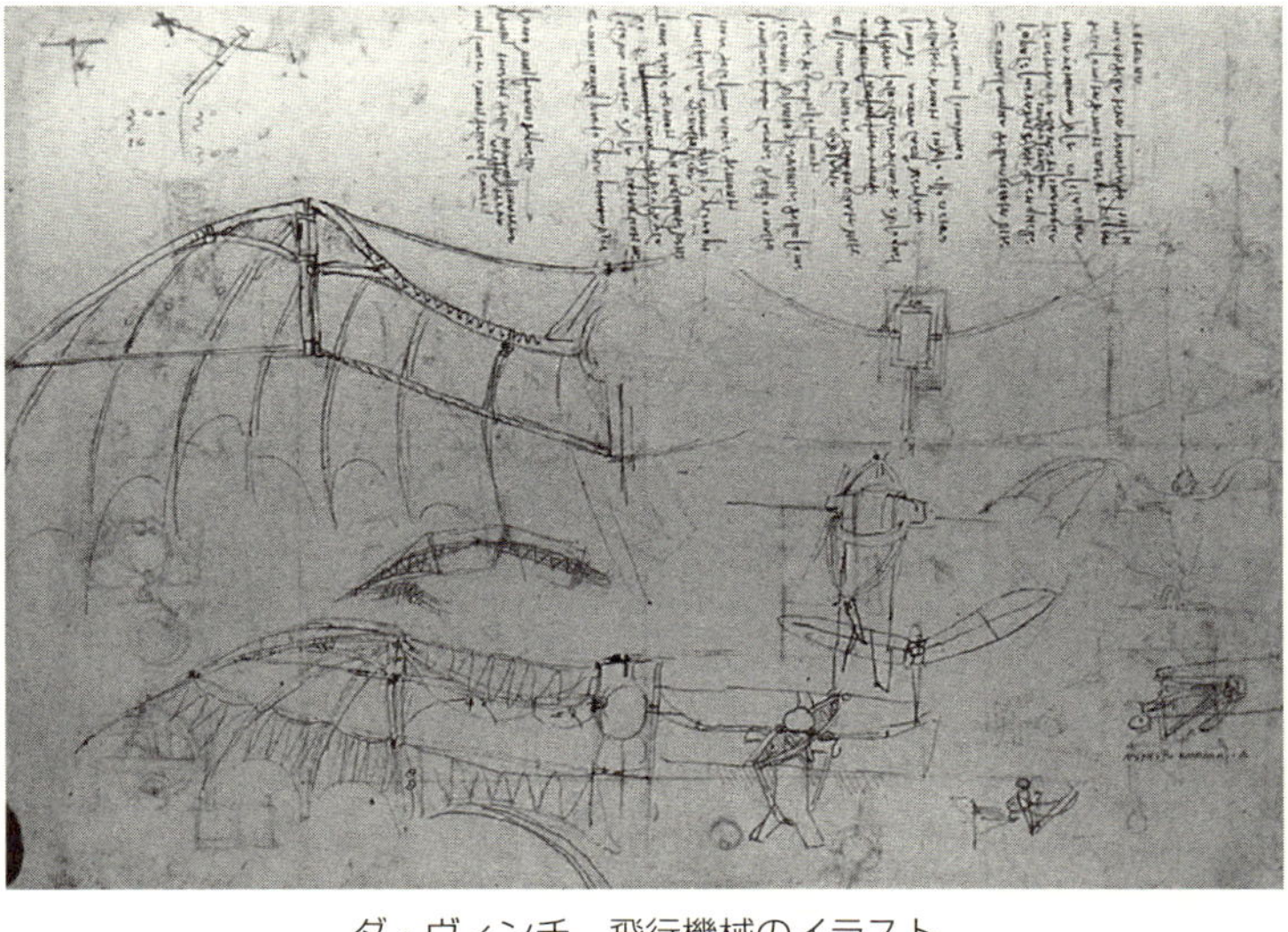

ダ・ヴィンチ　飛行機械のイラスト
（「アトランティコ手稿」1478～1518年、アンブロジアーナ図書館蔵）

る「飛行機」を発明して空に飛ばすことに成功したのは二十世紀の初頭、一九〇三年のこと。もちろん、ダ・ヴィンチ以降、多くの人間が飛行機械の製作にチャレンジしている。そうした人物の中に、一七五七年（宝暦七年）に備前岡山藩に生まれた日本人、浮田幸吉がいた。どういうきっかけ、インスピレーションがあって、幸吉が空に憧れ、飛行機械を作ろうとしたのか詳しいことはわかっていない。だが彼は、ダ・ヴィンチと同じ発想をもった。

ハトの体重、翼の長さなどを確認し、人間を中心に据えたと仮定して、その体重に見合うように、計測した鳥と同じ比率の翼を製作すれば空が飛べるはずと結論づける。

手先が器用で、さまざまな道具づくりに精通した表具師だった彼は、計測結果をもとにグライダータイプの飛行機械を自作。その機体は、わずかとはいえ滑空して空を飛んだ。驚くことに、それはまだ、彼が二十歳になる前のことだった。

その事実については、菅茶山が随筆『筆のすさび』（安政四年／一八五七年新刻刊）で触れているほか、鳥人幸吉の異名とともに、多くの小説作品にも残されている。

一方で人間は、音を立てずに飛ぶフクロウ類の翼やその風切羽を徹底研究し、それを製品に生かすことで、時速二〇〇キロメートルから三〇〇キロメートルで走行する新幹線の車両で、もっとも大きな騒音のもとだったパンタグラフの騒音を減らすことにも成功した。

今後も人類は、鳥から得た多くの技術をさまざまな分野、製品に生かして、よりよい暮らしを模索し続けることだろう。

5　ダチョウの卵を利用する

ダチョウ卵アート

ダチョウの卵殻を加工したアクセサリーがはるかな古代につくられ、今も土産の品として売られていることは先にも紹介したが、最近では、ダチョウの卵をベースに、より複雑で、芸術性の高いものもつくられるようになってきている。

ダチョウの卵は二ミリメートルもの厚みがあり、直径は十五～十七センチメートルもある。そんな、大きく丈夫な殻を生かして、表面に複雑な装飾を施したランプシェードなどがつくられている。中に小さなライトを灯すと、ほんのりと赤味のかかった落ち着いた光が部屋を照らす。個人により趣味ベースでつくられている作品の中にも高い芸術センスがにじむものがあり、侮れないイメージだ。

日本では、飼育されるダチョウの数がまだあまり多くなく、手に入る卵も限られているため、こうした作品が爆発的に増えることはないだろうが、アートとして、民芸品として、今後も、こうした作品はつくられていくように思う。もちろん、外国においても。

医療分野からの熱い目

ダチョウの卵にもっとも熱い視線を注いでいるのは、医療・製薬分野かもしれない。

今も、ときどき猛威をふるうインフルエンザ。全世界で毎年数十万人が死亡している。その対策として、各国において毎年、対応するワクチンが製造され、備蓄されている。

インフルエンザウイルスに対するワクチンは、通常、鶏卵からつくられている。ニワトリの飼育数が多く、その有精卵が安く大量に手に入るためだ。ワクチンをつくるには、その前段階として、「生体」に感染させてウイルスを大量増殖させる必要がある。その現場で使われているのが、ニワトリの有精卵を途中まで成長させた「孵化鶏卵《ふかけいらん》」なのだ。

鶏卵は、いつでも大量に手に入るうえに、長く利用されてきたために製造に慣れているというメリットがある。だが一方で、ニワトリより大きな卵が利用できるなら、卵一個あたりのワクチン生産量を増やすことができるはず、という考え方もある。

代替えが可能な卵がないか検討した際に俎上に上がったのが、ダチョウの卵だった。

飼育されている数としてはアヒルやガチョウの方が多いが、ダチョウ卵は鶏卵二十個分の内容量をもつ。ダチョウ卵を使う

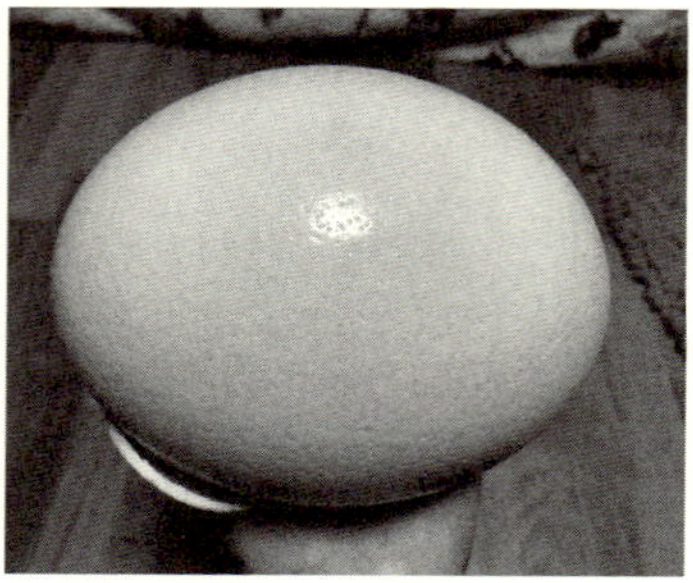

ダチョウの卵

ことで、ワクチンの製造コストは鶏卵を使った場合の三十分の一ほどに下がる。それは大きなメリットとされた。

ダチョウ卵を使ったワクチンの製造技術はすでに確立されている。ただし、必要時に需要を満たす数の卵を確保することが難しいこともあり、現時点では、ダチョウを使ったワクチン製造ラインは稼働していない。

だが、その技術がすでに手の中にあるという状況は、少し心強くもある。未来の選択肢は多い方がいいからだ。

第十章 鳥を使う、鳥に乗る

1 鳥が家や農地を守る

番犬のかわりに？

鳥を労働力にする。そんな考えが頭に浮かんだ人がいたとしても、きっとすぐに挫折したにちがいない。なぜなら鳥の多くは基本的に人間の思うようにはならないから。イヌとはちがうのだ。どれほど賢い鳥であったとしても。いや、賢い鳥ならなおさらに。

だが、はからずも、予想外の「仕事」をしてくれることもある。

例えばニワトリやガチョウ。

軍鶏《しゃも》にかぎらず、ニワトリのオス、雄鳥《おんどり》には強い闘争本能があり、闘鶏はそれをさらに引き出すかたちで行われてきた。

「庭つとり」というその名の由来からもわかるように、ニワトリは日本でも庭で放し飼いにされた期間が長いが、侵入者に対して敵意のある声をあげ、あるいは無言で襲いかかるなどの、本当の意味での「自宅警備員」として機能してきた過去もある。

高度に脳が発達したカラス類には、異種である人間の顔まで見わける能力がある。インコやオウムも同様だ。加えて、服装や行動から人間のタイプ分けを行い、脳の中につくりあげたデータベースをもとに、行動予測さえする。ＡＩにもけっして負けてはいない。

知能に関して、カラスやオウムよりも下に見られてきたが、ガチョウの脳にも人間の顔を見わける能力が備わっている。見知らぬ来訪者があったとき、ガチョウが番犬のように大声でわめいて家の主に知らせ、さらには果敢に相手に襲いかかる例があることは先の章でも紹介したとおり。日本ではあまり見られないガチョウだが、海外において、「番ガチョウ」の話は少なからぬ数の報告がある。大音量の「警報装置」としては、ガチョウの方がニワトリよりも何倍も優秀で有効である。

その鳥の性質を利用

古来より、中国南部を含むアジアの稲作地帯では、田にアヒルを放して害虫や雑草の駆除を行ってきた。これは、日本のアイガモ農法の原型にあたる利用である。

こうしたアヒルも、特に訓練を施して作業をさせているわけではなく、本来の性質のまま、その場（＝田）で〝自由に振る舞ってもらっている〟だけである。人間からすればとてもありがたい存在だが、アヒルやアイガモにすれば仕事をさせられている感覚はさらさらない。皆無である。

だが、彼らが農業の現場で役立ってきた事実は揺るがない。

鳥を思ったように動かすことは難しい。カラスや猛禽を品種改良し、時間をかけて訓練をしたとしても、牧羊犬のような働きをする品種をつくることはおそらくできないだろう。

人間が鳥になにかをさせたいと思ったときにできることといえば、その鳥がもともともっている性質を引き出し、伸ばして、人間の目的とする利用に近づけることだけである。鳥を使役する行為としてもっとも広く認知される鵜飼や放鷹にしても、ウや猛禽がもつ性質を利用して、「できること」を〝やってもらっている〟だけなのである。

アビ漁

冬鳥として、シベリア東部などから日本に渡ってくるアビ類を使って行われてきた漁がある。アビは特定の種の名であると同時に、アビ目アビ科の鳥（＝アビ属）の総称でもある。日本には五種のアビの仲間がいるが、広島を中心とする瀬戸内海で「アビ漁」と呼ばれる漁に使われてきたのは、そのうちのシロエリオオハムという鳥だ。

「アビ漁」という名前ではあるが、シロエリオオハムを〝使役して〟魚を獲らせているわけではない。アビ漁とは、シロエリオオハムの習性を知ったうえで、彼らの行動を上手く利用して、目的とするマダイやスズキなどの魚を釣り上げる漁法である。

潜水性の鳥であるアビ類は、好物であるイカナゴを海中で追いかけて捕る。寒い時期でもあり、マダイやスズキは海底にじっとしていることが多いが、アビ類に追われて海の深いところまで逃げ込んだ一部のイカナゴは彼らの恰好の餌となるため、食べるために追いはじめる。そうした一連の〝なりゆき〟を熟知した漁師が、一本釣りで釣り上げるのが「鳥持《とりもち》網代《あじろ》」と呼ばれるアビ漁なのである。

つまりアビ類は、漁を始める「スイッチ」であり、目的の魚を釣り上げるポイントを教えてくれる「標識」でもある。シロエリオオハムがイカナゴを上手く海底に追い立ててくれると、大漁も期待できる。それゆえ漁師は、ともに漁をする仲間、協力者として、アビ類を大切にしてきた。だが、瀬戸内海では海底の砂の過剰な採取によって生態系が壊れ、アビたちの食糧だったイカナゴが減少。さらに船の往来が増えたことで、アビ類の飛来数が最大時の百分の一以下に激減し、結局、一九八六年を最後に江戸時代から三百年以上に渡って続いてきたアビ漁はついえた。

アビ類が飛来する海は、「アビ渡来群遊海面」という名で国の天然記念物にも指定されていたが、それも事実上消滅した状況となっている。なお、アビ漁のおこりや江戸時代の漁の様相については、奥野卓司の『鳥と人間の文化誌』に詳しいので、こちらもぜひ参照していただきたい。

2　鵜飼と放鷹

鵜飼

人間のために働いてくれる鳥として、伝書使のハト以外で挙げられるのは、鵜飼のウと、放鷹《ほうよう》のタカやハヤブサである。

鳥は飲み込んだ食べ物を、食道の途中にある「そ嚢《のう》」と呼ばれる場所に溜め込む。鳥は、雛やつがいの相手に給餌をするとき、飲み込んだものをここから吐き戻して与えている。歯のない鳥は咀嚼ができないので、そ嚢からは飲み込んだものがそのままの形で出てくる。

そうした鳥の性質をもとに、飲み込んだ魚をふたたび吐き出させて得る漁が「鵜飼」である。ウやペリカンは、喉および食道を通常の数倍に拡げることが可能で、かなり大きなものも飲み込むことができ、そ嚢にも相当量の食べ物を詰め込むことができる。

鵜飼は、その姿を見た過去のだれかが、この性質を漁に使おうと思って始めたものだ。

現在、鵜飼は日本と中国でしか行われておらず、過去の状況もあまり知られていないため、多くの人間からは、ごく一部の地域で行われている稀少な鳥の使役と思われている感が強い。

ところが調べていくと、日本や中国とはまったく無関係のインカ時代の南米ペルーでも鵜飼が行われた形跡があるほか、パリのルーブル美術館に収蔵されている古代エジプトのレリーフに刻まれたウの姿から、エジプトでも鵜飼が行われていたことが確実視されている。これは相当古い時代のものであることから、古代エジプトが最古の鵜飼の現場であると主張する研究者もいる。十六~十七世紀には、イギリスやフランスなどのヨーロッパ諸国でも貴族や王侯による鵜飼が行われた。もちろんアジアでも、ベトナムのメコン川で鵜飼が行われた記録がある。

アジアの中で特に興味深いのが、紀元前一四〇〇年ごろから紀元前一〇〇〇年くらいにかけて興った、長江文明の中のウの存在である。

青銅製の鳥頭や、古代神話との接点が示唆される、九羽の鳥（カラス）が四方の枝に止まった四メートルもの高さがある同じく青銅製の巨大神樹をはじめとする、三星堆《さんせいたい》遺跡から発掘された遺物には、鳥を模したものが少なくないが、その中に水を汲むための杓の把手にされた複数の土器があった。

これらは長い首と特徴ある嘴の形状から、カワウの頭部を模したものと考えられている。三星堆に暮らした人々にとって、鳥が特別な存在だったことは確かである。そして把手の土器は、その中でも水鳥のウがさらに特別だったことを示している。

三星堆遺跡を研究する現地の研究者、徐朝龍は、この地に暮らした人々が、カワウを尊い鳥として、民族のシンボルにしていたと指摘する。

もちろんこれだけで、この地で鵜飼が行われていたと断定することはできないが、その可能性は否定できないと、『鳥の博物誌』の中で国松俊秀は主張する。もしも本当に、紀元前一〇〇〇年ごろやそれ以前に、長江源流地域で鵜飼やそれに類する行為が行われていたとしたら、おそらくそれが世界最古の鵜飼となるだろう。それを確かめられる新たな証拠物件の出土を待ちたい。

鵜飼がいつどこで始まったのかは、現在も不明のままである。確かなことは、鵜飼が過去において、私たちが思う以上に広く世界で行われていたこと、そして、それぞれの土地で独自に鵜飼が生まれていた可能性がある、ということである。

日本の鵜飼のルーツについては今も議論が続いているが、三星堆エリアなど、中国のどこかにその源がある可能性がある一方で、日本列島において独自に発展した可能性もある。はっきりとした確証に至る証拠探しは、現在も続いている。いずれにしても人間は、ウミウやカワウなどの鵜飼に利用できる鳥と、長くつきあってきた歴史があるということである。

日本の鵜飼

長良川ばかりが注目されがちだが、鵜飼は現在、国内の川、十二カ所で行われているし、過去に目を向けるなら、鵜飼が行われた場所はもっとずっと多い。

例えば東京・神奈川の境を流れる多摩川の上流では、鎌倉時代から鵜飼が行われていた。

かつて甲斐の国と呼ばれた山梨県の笛吹川で行われている鵜飼は、平安時代にまで遡るといわ

ウ（梅園禽譜）

れる。この川の鵜飼は石和温泉の付近で行われていることから石和鵜飼とも呼ばれた。相模湾に注ぐ相模川は山梨県内では桂川と呼ばれているが、この川でも鵜飼が行われていた事実がある。

『古事記』において、熊野に上陸した神武天皇が吉野川で出会った贄持之子《にえもつのこ》は、ウが捕らえたアユを朝廷に献上していた「阿《あ》陀《だ》の鵜飼部」の祖先とされる。吉野川の鵜飼が奈良時代に行われていたのは確実であり、さらにもう少し時代を遡る可能性もある。

日本で行われた最古の鵜飼の記録は、中国隋代（五八一〜六一九年）の年代記である『隋書倭人伝』の中にあり、「一日百尾以上も魚を捕らえる」と記されている。けっして小規模ではない。なお、これは当時の中国人が日本を訪れて記録したのではなく、遣隋使が現地で行った報告がまとめられたものである。

京都では、淀川水系の桂川、加茂川に合流する高野川、南部を流れる宇治川などで鵜飼が行われた。平安文学の代表のひとつでもある『源氏物語』の中にも鵜飼が描かれた場面がある。

長良川の鵜飼

京の鵜飼は、天皇に献上するアユを捕るという目的ももちろんあったが、一方でウが魚を捕まえるところを貴族たちがともに並べた舟の上から見る娯楽的な鑑賞イベントという面もあった。

それなりの数のウを揃えたとしても、鵜飼は漁業としてはあまり効率のよいものではなく、現在の鵜飼と同様に「観光鵜飼」という側面が当時から強かったこともまた事実である。

戦国時代になると、それまで天皇家や貴族たちの独占物だった鵜飼は武士階層にまで広がり、武将や有力な配下たちの新たな娯楽にもなった。この時代の武士たちのもうひとつの楽しみでもあった鷹狩りと合わせて「鵜《う》鷹《よう》逍遥《しょうよう》」という言葉も生まれた。

日本最古というわけではないが、岐阜、長良川の鵜飼も歴史が長い。ここで鵜飼をしている鵜匠が宮内庁所属の国家公務員であることは、よく知られている。

戦国時代、織田信長が長良川ほかの美濃の鵜飼を保護し、「鷹匠」に対応するように鵜飼をする鵜使いに漁業特権を与え、「鵜匠」を名乗ることを許したことがこの地における鵜匠の名の始まりとされる。

日本の陸地および近海には、ウミウ、カワウ、ヒメウ、チシマウガラスの四種が生息するが、鵜飼に使われているのはウミウのみ。また、日本の鵜飼においては、茨城県日立市十王町にある「鵜の岬」と呼ばれる専用の捕獲場で捕らえられたウミウが全国の鵜飼の場に提供されている。

北海道の周囲の島などで繁殖したウミウは、秋に越冬地である伊豆諸島や西日本に渡る。渡りのルートは完全には解明されていないが、「鵜の岬」はその中継地となっている場所のひとつらしい。ウの捕獲が認められているのは、全国でここが唯一である。

中国の鵜飼

中国の鵜飼についても触れておかなくてはならない。

中国の鵜飼が日本と大きく異なるのが、「漁業」のひとつとして行われているという点だ。ここが、観光客に歴史的な漁法を見せる日本の「観光鵜飼」とは大きく異なる。中国での鵜飼は、一定の漁獲をめざした、れっきとした漁なのである。

また、日本ではアユが主体だが、中国ではコイやナマズのような大きな魚がそのターゲットになっているようである。

先にも記したように、中国はカワウを使って鵜飼をする。そのウは専門の繁殖業者が育てたウで、鵜飼をする者に売り渡されたときにはすでに人間に馴れた状態になっている。また、ウは紐でつながれておらず、捕った魚も自発的に吐き出すように訓練されている。このやり方は「放ち鵜飼」と呼ばれるが、この点でも、日本とは大きくちがっている。

紐でつながれ、魚を捕らされる日本の鵜飼は人間が管理し、使役するという色が濃いように見えるが、中国の鵜飼は、人間とウの関係がより近くてやわらかく、相手に対する一定のリスペクトも感じられる方法に見える。

イギリスを中心としたヨーロッパの鵜飼

十七世紀初頭に王としてイングランドを治めたジェームズ一世は、テムズ河畔のウェストミンスターにウを飼育するための専門施設をつくり、さらに「王室鵜匠頭」という役職も設けている。当時の英国の公文書によると、初代の鵜匠頭に就いたのはジョン・ウッドとのこと。

そうした公文書から判明したことを、ジェイムズ・E・ハーティングが著作『シェイクスピアの鳥類学』の中で詳しく紹介している。

ヨーロッパに分布するウの仲間はおもにカワウとヨーロッパヒメウ（European Shag）だ。カワウは日本にもいるカワウのヨーロッパ亜種。日本のウミウとカワウのように、ヨーロッパヒメウとカワウは、河川や湖沼を中心とした陸地と海洋とで住み分けている。

ヨーロッパヒメウは内陸にはほとんどやってこない。シェイクスピアはいくつもの作品にウを登場させているが、状況から見ても、それらの鳥はヨーロッパヒメウではなくカワウの方である。公文書館に保存されている書類の中にジェームズ一世が使っていたウはイギリス北部で捕獲されたという記録もあるため、やはりカワウとみていいように思う。

なお、イギリスのウが捕っていたのはウナギなどの魚だった。イギリスには、「ウナギのゼリー寄せ」等のウナギを使った料理もあり、十八世紀以降、庶民層を中心に食されてきた歴史がある。テムズ川を含め、イギリスの川には昔からウナギが多く生息していたようだ。ただしテムズ川のウナギは、現在、枯渇状態で、ここ最近、ロンドンなどで食べられるウナギはオランダなどからの輸入品が中心となっている。

なお、イギリスの鵜飼について書かれた記録には、ウが紐でつながれていたという記述が見られないことから、行われていたのは中国のような「放ち鵜飼」だったのではないかと推察する。

また、ジェームズ一世の時代にイギリス王家の使節が中国に派遣されていて、帰国後に書かれた旅行記には中国の鵜飼のことも触れられていたが、ヨーロッパの鵜飼はその時点で、数世紀の歴史があったことから、ヨーロッパの鵜飼の源流は中国にあり、こうした使節を通して中国から鵜飼の技術を「輸入」したという、よく聞かれる説には疑問も残る。

放鷹

一般に「鷹狩り」とも呼ばれる放鷹は、日本から西ヨーロッパにいたるユーラシア大陸ではるかな古代から行われてきた。始まりは紀元前三〇〇〇年から紀元前二〇〇〇年ごろで、それがスキタイ人などの中央アジアの遊牧民の移動によって、ユーラシアの東西の果てにまで広がった。

確認できる最古の記録は、紀元前七二一年に即位したアッシリアのサルゴン二世が造営した都市ドゥル・シャルキン（現・コルサバド）から出土した、腕にタカを乗せた男のレリーフだという。

日本に鷹狩りの文化が入ってきたのは、古墳時代か、その直前のこと。オクマン山古墳（六世紀）などの遺跡から出土している鳥を肩や腕に乗せた人物埴輪は「鷹匠埴輪」と呼ばれていて、当時、すでに鷹狩りの文化が日本にあった証拠と考えられている。

文書として残る最古の記録は『日本書紀』の仁徳天皇の項にあり、三五五年に百舌鳥野《もずの》（現・大阪府堺市）において朝鮮半島の百済から帰化した男が、放鷹の実演をしてみせたとある。この時期以降、天皇家において鷹狩りが行われるようになり、タカの飼養と訓練を専門にする部署「鷹甘部《たかかいべ》」も朝廷内につくられた。

以後、日本における鷹狩りは、鎌倉時代になって武士が世を治めるようになるまで、天皇家とその周囲の貴族だけが行うものとなっていった。

ちなみに英語で鷹狩りは「falconry」。鷹匠が「falconer」であることからもわかるように、ヨーロッパの鷹狩りはハヤブサ（falcon）が中心となっている。

一方、日本では、オオタカ、ハイタカ、クマタカ、ハヤブサ、イヌワシ、ツミ、コチョウゲンボウなどが使われてきた。ヨーロッパとはちがい、オオタカやハイタカの飼育が多かったようだ。大小、特徴あるさまざまな猛禽が使われたのは、それぞれ捕獲対象がちがっていたためでもあった。

主に使われたのはオオタカで、ツルやハクチョウといった大型の鳥から、各種ガン・カモ類、バン、キジ、ヤマドリなどの鳥が狩りの対象となったほか、ウサギも捕らえていた。タヌキやキツネなどの哺乳類を追ったのが、クマタカである。もちろん、キジやヤマドリなどの地上性の鳥もその捕獲の対象となった。

開けた土地で、上空から獲物を襲わせたのがハヤブサで、小柄なツミやコチョウゲンボウは、ヒバリやウズラといった小型鳥類をその狩りの対象とした。

大名以下、上級の武士も鷹狩りを楽しんだ戦国時代において、鷹狩りは鵜飼と並ぶ武士の大きな楽しみとなってゆく。織田信長や徳川家康、晩年の豊臣秀吉など、ときの支配者の多くが鷹狩りを好み、鷹狩りの機会をつくったことがわかっている。だが、江戸時代になると、鷹狩りはふたたび将軍家と一部の大名だけに許される、限定された楽しみに戻った。

江戸時代、五代将軍の徳川綱吉の「生類憐みの令」の時代に鷹狩りはいったん終焉を迎えたが、八代将軍の吉宗が鷹狩りを復活させ、江戸城で飼育するタカの餌や訓練用の鳥（おもに、スズメとハト）の安定供給のために江戸の鳥屋が整備されて、小鳥類の捕獲と流通が行われたことは五章で紹介したとおりである。なお、徳川将軍家の鷹狩りは、文久三年（一八六三年）に千住で行われたものが最後となった。

オオタカ（梅園禽譜）

江戸時代を通してほとんどの大名には鷹狩りが許されず、彼らには不満と憧れが残った。そこで彼らは、自由につくれる家紋に目をつける。鷹狩りができないのなら、自家の家紋として、タカの羽根がデザインされた「鷹の羽紋」をつくってしまえと思ったのだという。大名家にタカの羽根を使った家紋が多く見られた背景には、こうした事情もあったらしい。

そんな歴史をもつ鷹狩りだが、

現在、日本においては鷹匠と呼ばれる人は激減し、放鷹術の継承と存続が危ぶまれている状況である。

3　鳥に乗る

ダチョウへの騎乗

『ファイナルファンタジーシリーズ』の「チョコボ」や、『盾の勇者の成り上がり』の「フィロリアル」など、ファンタジー系のゲームや小説には、騎乗できる走鳥の描写がときどき出てくる。一方、ロック鳥のような巨大な鳥の背に乗って空を駆ける話もある。

かつてのニュージーランドで、巨鳥のモアまで襲っていたとされる絶滅鳥ハーストイーグルは、翼開長が三メートルを超え、体重もメスで最大十五キログラムもあったが、そうした巨大なワシでさえ、人間を乗せて空を飛ぶことは航空力学上、不可能だった。

だが、背に人間を乗せて地上を走るという行為は、それに耐える体躯の鳥なら不可能ではない。チョコボやフィロリアルが背に人間を乗せて走る姿は、実は荒唐無稽なものではないのである。

現生鳥類の中で唯一騎乗が可能な種はダチョウである。

体格的にはヒクイドリでも可能そうだが、攻撃的な性格から、ヒクイドリに乗りたいと思う人間はまずいないだろう。

人間の背をはるかに超える二・三メートルもの体高をもち、一三〇キログラムを超える体重をもつダチョウ。走ることに最適化された強靭な足腰は、人間の体重を預けても揺るがない。野生では時速六〇キロメートルで走り、一時間以上に渡って走行を続ける持久力ももつ。

ダチョウの生息域に存在したアフリカの古代王国で、ダチョウの背に乗る様子が描かれた壁画やモザイク画はなく、そうしたことが行われた記録も見つけられない。

ダチョウ

だがアメリカでは、二十世紀初頭以降、ダチョウに騎乗して速さを競うダチョウレースが行われてきた。つまり、実際に可能ということである。

レースは行われていないが、ただ背に乗るだけなら日本でも可能だ。日本で初めてダチョウの飼育に成功したことを謳う沖縄・今帰仁《なきじん》の「ダチョウらんど沖縄」では、ダチョウの背にまたがっての記念撮影が園の売りとなっている。

最近では、ダチョウの飼育に取り組む国も増えてきているが、もともとの生息地であるアフリカの国々のダチョウ牧場においても、ダチョウに乗れるところがある。特に南アフリカ共和国には、オーツホーンの町などにいくつものダチョウ牧場がつくられ、観光客に向けたアピールもしきりに行われている。

なお、二十世紀の前半には、古代の戦車「チャリオット」にも似た、自転車のような軽フレームの二輪の台車をダチョウに引かせるレースが行われたことがあった。一九三三年にオランダで行われたダチョウのレースは、インターネットの動画として、今も見ることができる。

終章　地上から消えた鳥

1　人間活動が鳥に被害をもたらした

鳥の受難の始まり

人間活動のせいで地上から消えてしまった鳥についても、触れておかなくてはいけないように思う。人間が直接的、間接的に、多くの鳥を絶滅に至らせてしまったのは確かな事実だからだ。科学が進歩し、遠洋に向かう航海術なども向上した結果、相対的に地球は狭くなり、未踏の地が減った。その過程で〝発見された〟生き物は、人間によって食され、蒐集され、産業の糧となった。さらには、人間が連れてきた動物の犠牲になったケースもある。

鳥も、被害者となった。この四百年間だけで、鳥類全種の一・五パーセントにあたる一五〇種もの鳥が絶滅している。これだけでも少なからぬ数だが、その少し前に絶滅したモアなどもカウントすると、その数はもっと増えることになる。

凶行は、新発見の鳥だけでなく、長く人間の暮らしのそばにいた鳥たちにも及んだ。ある鳥は羽毛を採るために狩られ、またある鳥は食用にするために捕り尽くされた。日本のトキやアホウドリ、タンチョウ、コウノトリなども、そうした人間活動の犠牲になった鳥だった。

十五世紀後半になるとスペイン人やポルトガル人が、少し時間をおいて、オランダ人やイギリス人が、南北アメリカや東南アジア、オセアニアなど、ヨーロッパ人未踏の地を目指した。コロンブスやマゼラン、キャプテン・クックといった人々が英雄になった時代のことである。

当然ながら、出航する船に積み込める食料や水には上限があったため、航海中の食糧は現地調達が基本とされた。乗組員は行く先々で、魚や果実のほか、鳥や獣を獲って食べた。

だが、その時点では、「被害」はまだ少なかった。そこがあまり大きくない島だったとしても、数隻の船が立ち寄って捕獲したくらいで、生物は簡単には絶滅しなかったからだ。

問題は、どこにどんな生き物がいるという「情報」が本国に伝えられたことにあった。

特に鳥は、美しい羽毛や嘴をもつことが伝わると、手に入れたがる人間が必ず現れた。ヨーロッパに持ち込まれた生体のサンプルや剥製は、王侯貴族や商人の欲望をかきたて、そうした鳥たちは「生きた宝石」扱いされた。もとより、こうした航海には、儲けにつながる生物の発見も目的に含まれてきたのだから、当然といえた。

売り物になると確信した者が、その種を根こそぎ集めてヨーロッパに送るように指示を出すこともあった。七章で紹介したように、自身の城や領地につくった動物園的施設に置きたい、屋敷の中で飼育したいと願う者もいた。なかには、最初から剥製を望む者もいた。

産業革命が起こり、経済が世界を動かすようになると、特定の種の危機が加速した。世界に浸透した資本主義は、「儲け」につながるものを貪欲に探したからだ。

美しければ美しいほど、稀少であればあるほど、鳥たちは狩られ、保護が間に合わなかったものは地上から消えた。鳥たちにとって、大きな受難の時代が始まった。

だがそれは、十五世紀からの五百年間に留まることではなかった。近現代になっても多くの冒険家や探検家にとっては、現地の生き物など、相変わらずただの食料にすぎなかったのだから。

例えば、二十世紀初頭の南極探検においては、アデリーペンギンなど、南極で暮らしていたペンギンが食料とされた。仲間と思って興味をいだき、人間に近寄っていったペンギンは、こん棒で殴られて絶命するその瞬間まで、自分の身になにが起こったか理解できていなかったにちがいない。

十五世紀以降に絶滅した鳥

次ページに、ここ百年を中心とした、十五世紀以降に絶滅したおもな鳥のリストを掲載した。

この一覧から、いくつかのことに気づくだろう。

ドードー（モーリシャスドードー）	1681	モーリシャス島	食肉、見世物
ロドリゲスドードー	1761	ロドリゲス島	食肉、見世物
ロドリゲスクイナ	1726	ロドリゲス島	食肉、鼠
ロドリゲスルリバト	18世紀半ば	ロドリゲス島	鼠
モーリシャスインコ	1693	モーリシャス島	不明
モーリシャスクイナ	1700前後	モーリシャス島	食肉
モーリシャスルリバト	1826	モーリシャス島	食肉
カナリアミヤコドリ	1940？	カナリア諸島	鼠、食料難
オセアニア～南太平洋			
ハーストイーグル	1500頃	ニュージーランド	マオリの入植
ニュージーランドウズラ	1875	ニュージーランド	不明
モア科（全9種）	15世紀以前	ニュージーランド	マオリの入植
ワライフクロウ	1914	ニュージーランド	イタチ類
ホオダレムクドリ	1907	ニュージーランド	羽毛
オークランドアイサ	1902	オークランド諸島	鼠、豚
スチーフンイワサザイ	1900頃	ニュージーランド	猫、鼠
ゴクラクインコ	1927	オーストラリア	乱獲
ロードハウセイケイ	1800前後	ロード・ハウ島	食肉
チャタムクイナ	1900	チャタム島	猫、鼠、環境破壊
チャタムシマクイナ	1840？	チャタム島	猫、鼠、環境破壊
フィジークイナ	1970	フィジー	猫、環境破壊
タヒチクイナ	1844	タヒチ	猫、豚、鼠
	1930頃	メヘティア島	
タヒチシギ	1777	タヒチ	豚
北極海			
オオウミガラス	1844	北大西洋の島	食肉、羽毛
日本およびその周辺			
ミヤコショウビン	1887？	宮古島	不明
リュウキュウカラスバト	1936	南大東島	環境破壊
	1906	沖縄本島	不明
オガサワラカラスバト	1900以前	小笠原諸島	肉、猫、環境破壊
オガサワラマシコ	1830年代	小笠原諸島	肉、猫、環境破壊
オガサワラガビチョウ	1930年代？	小笠原諸島	肉、猫、環境破壊
カンムリツクシガモ	1800年代？	日本から中国	不明

※絶滅の理由は確定的でないものもある。「食肉」、「肉」は食肉にされたの意

絶滅したおもな鳥（15世紀以降を中心に）

鳥種	絶滅年	生息エリア	主な絶滅理由
北米（特にアメリカ）			
リョコウバト	1914	アメリカ	食肉、環境破壊
カロライナインコ	1918	アメリカ	食肉、環境破壊
ススイロハマヒメドリ	1987	アメリカ	宇宙開発
ニューイングランドソウゲンライチョウ	1932	アメリカ	食肉、伝染病
カササギガモ	1900以前	アメリカ	食肉、自然消滅
中米〜カリブ〜南米			
ミイロコンゴウインコ ほか、コンゴウインコ６種	1885	キューバなど	害鳥駆除ほか
グアダルーペカラカラ	1900	メキシコ	誤解による殺害
グアダルーペハシボソキツツキ	1906	メキシコ	猫
グアダルーペコシジロウミツバメ	1911	メキシコ	猫
アオコンゴウインコ ※野生種	2000	ブラジル	環境破壊、捕獲
アラゴアスマユカマドドリ	2000以降	ブラジル	不明
アンティグアアナホリフクロウ	1900以前	西インド諸島	猫、マングース
オオオビハシカイツブリ	1987	グアテマラ	環境破壊
太平洋の島			
ウェーククイナ	1941	ウェーク島	食肉
メガネウ（ベーリングシマウ）	1852	ベーリング島	食肉
カンザシバト	1940？	ソロモン諸島	猫
ハワイ島およびその周辺			
ムネフサミツスイ	1934	ハワイ	環境破壊、狩猟
キゴシクロハワイミツスイ	1900年代	ハワイ	環境破壊
オオハワイミツスイ	1900頃	ハワイ	鳥ポックス病
ラナイハワイツグミ	1931	ハワイ	鳥マラリア
レイサンクイナ	1944	レイサン島	鼠
アジア陸部			
バライロガモ	1942	バングラデシュ	羽毛、飼育
ケバネウズラ	1868	ヒマラヤ	不明
インド洋の西部の島〜アフリカ周辺の島			
エピオルニス	1840？	マダガスカル	環境破壊
マダガスカルカッコウ	1936	マダガスカル	羽毛
ワキアカカイツブリ	2010	マダガスカル	環境破壊、狩猟

まず第一に、「島の鳥」が格段に多いということ。日本の離島をはじめ、太平洋上、大西洋上、カリブ海の島に暮らしていた鳥が多数消えてしまったことがわかる。逃げ場のない島の鳥は、大陸の鳥に比べて絶滅する可能性が高いことを、このデータは示している。

捕鯨基地ほか、その島をなんらかの基地として使おうとした人間は、イヌやネコやブタなどの動物を連れて来るのが常だった。さらに、船にネズミが紛れていることもあった。そうした動物が、島の鳥を追い詰めることが往々にしてあった。そこが絶海の孤島であれば、逃げ場所など、どこにもない。鳥をはじめとする動物たちの絶滅は、高い確率で進んだ。

第二に挙げられるのが、絶滅鳥には「飛べない鳥」が多いということ。

鳥の進化が人間が思っているよりずっと早いことは、フィンチの嘴を研究したダーウィンも示したとおり。もともとは空を飛んでいたとしても、敵が皆無で、逃げる必要のない土地に暮らし続けると、鳥はあっという間に翼を退化させて飛翔力をなくす。それもまた事実である。

特にクイナ類は、その傾向が高いように見える。沖縄のヤンバルクイナがそうであるように、長く安全が保たれていた島に暮らしたクイナの多くが翼を退化させた。フィジークイナ、ウェークウクイナ、モーリシャスクイナ、タヒチクイナ、チャタムクイナ、チャタムシマクイナ、レイサンクイナ、ロドリゲスクイナなど、一覧に掲載したものだけでも八種のクイナが絶滅している。

第三に、島に暮らす地上性の鳥は人間によって簡単に絶滅させられる、ということ。

巨鳥であるニュージーランドのモア類、マダガスカルのエピオルニス類は、もともと走鳥類であり、飛翔力をもたない。空を捨て、巨大化し、地上生活者になったモーリシャス島やロドリゲス島のドードーも然り。どんなに大きく威風堂々としていても、人間や人間が連れてきた動物の前では無力だった。

日本産トキは絶滅した

手許には、一九八一年以降の日本の鳥に関する報道——新聞の切り抜きがある。

日本産トキが、メス三羽、オス一羽の四羽を残すだけになってしまったという記事が紙面に載ったのは、スクラップを始めた一九八一年のこと。

二〇〇三年十月十日午前七時二十分ごろ、飼育下にあった最後の日本産トキのキンが三十六歳で亡くなり、日本のトキは絶滅した。あらためてその記事を読み返して、種の絶滅をリアルタイムで知るというのは、言葉にならない体験だったことを思い出す。

かつての日本では、トキもタンチョウも、コウノトリも、ごくふつうに見られた鳥だった。

だが、その「かつて」とは、江戸時代までのことを指すと知っている方は少ないかもしれない。

徳川時代は、実は、将軍家が行っていた鷹狩りのおかげで、結果として多くの野鳥が保護状態にあった。日本で複数の鳥が絶滅の危機に陥ったのは、明治元年以降のことなのである。

鷹狩りという目的のためではあるが、タカの餌となる鳥や訓練用の鳥の安定供給と、鷹狩りが行われる土地「鷹場（狩場）」の保全のために、幕府は一般人が勝手に鳥を獲ることを禁じた。江戸時代においては、幕府から渡された鑑札をもつ者だけが鳥を獲ることを許され、鳥を商うことを許されていた。その決まりが明治になった瞬間に崩壊する。

慶応三年（一八六七年）の大政奉還によって、江戸時代の法のすべてが撤廃された。さらに、日本に入ってきた資本主義に感化され、自身の儲けのために奔走した人間が多数いた。売れ筋の鳥が捕獲され、肉が国内で販売されたり、羽毛が海外に輸出されたりした。それによって、江戸時代にはどこでも見られた鳥が一気に消え去る。アホウドリもそうした鳥の一種だった。

だが、そんな状況でも、日本人の生活向上と軍備増強が優先され、鳥は四半世紀も放置された。こうした鳥たちの狩猟を禁じる法律ができたのは明治二十五年（一八九二年）になってのこと。しかし、不完全な法律のもと、鳥の乱獲、殺戮はその後も続き、世の目を盗んでの密猟も行われた。

これと似たことが、かたちを変えて世界の各地で起こった。そう考えてほしい。

そんな状況下で、タンチョウは一度消えた。絶滅したと思われたタンチョウが国内で再発見され、保護の対象となったのは大正十三年（一九二四年）のことである。保護活動が進んだ現在、タンチョウの数は一五〇〇羽を超えるほどに回復した。

鳥たちは地獄を脱したかに見える。だが、現在進行形の地球温暖化によって生態系が壊れたり、人間によるさらなる環境破壊のために鳥を含む生き物の絶滅は加速するだろうという予想もある。今後、ふたたび鳥たちの受難の時代が始まってしまうのかもしれない。

2　今も生きていてほしかったと強く思う

飛べないハトのドードーたち

ドードーの標本
（大英自然史博物館蔵／「大英自然史博物館展」にて著者撮影）

よたよたと歩く、飛べない鳥のドードーには、絶滅した鳥の代表というイメージがある。ルイス・キャロルの『不思議の国のアリス』のおかげで、今でも多くの人がドードーの姿を思い浮かべることができることが大きく影響しているようだ。

江戸時代の初期には、生きたドードーが日本にも来ていた事実がある。だが、そのドードーは、江戸に運ばれることなく死んで、今も平戸のどこかに遺骸が埋葬されているという。

一般にドードーという名で知られている鳥は、インド洋、マダガスカルの東に浮かぶモーリシャス島の固有種で、正しくはモーリシャスドードーという。隣のロドリゲス島には全身が白いロドリゲスドードーがいて、モーリシャスドードーよりも八十年ほど長く生き延びたが、結局はどちらも絶滅を免れなかった。

モーリシャス島やロドリゲス島のずんぐりとした姿のドードーは、完全な地上暮らしの鳥だが、遺伝子的にはハトにきわめて近い。もっとも近い種はミノバトという鑑定結果も出ているが、そのミノバトは、どこをどう見てもふつうのハト。ドードーもかつては、ほかのハトたちとおなじように空を飛んでいたが、安心して暮らせる環境に住み着いたことで飛翔力を失った。

絶滅は、人間によって肉が食べられたことに加え、島に持ち込まれたサルやブタによって卵が破壊されたことも大きく影響している。

名も奪われたオオウミガラス

かつて、北極に近い北大西洋に「ペンギン」と呼ばれた鳥がいた。オオウミガラスである。

人間の来ない無人島を繁殖地に、魚を捕って暮らしていたオオウミガラスは、バイキングをはじめとする北ヨーロッパの海の人々にとっては、ごくありふれた鳥だった。

もともとペンギンと呼ばれていたのはこちらの鳥で、この鳥に似ていた南半球のいわゆるペンギンたちもいつしか同じ名で呼ばれるようになり、ペンギンが発見されてからオオウミガラスが絶滅するまでの期間、どちらも「ペンギン」と呼ばれた経緯がある。

オオウミガラスの標本
（大英自然史博物館蔵／「大英自然史博物館展」にて著者撮影）

しかし、大量にいたはずのオオウミガラスは肉と羽毛を採られ、十九世紀半ばには地上から姿を消す。

そしてその名前は、南半球に暮らす飛べない水鳥の正式な名前となった。オオウミガラスは絶滅させられたうえに、本来の名前まで奪われてしまった「悲劇の鳥」なのである。

巨鳥モアと、その巻き添えになった猛禽

絶滅鳥に関して、ニュージーランドは、ほかの土地とは少し様相がち

モアの骨格標本
（大英自然史博物館蔵／「大英自然史博物館展」にて著者撮影）

がっている。

近世の鳥の絶滅の多くは、ヨーロッパ人の欲望と深く関係しているが、ヨーロッパ人がやってくる以前の西暦一〇〇〇年前後にポリネシア系のマオリ族がこの土地に入植。食料にするために幾種もの動物を狩り、結果的に、それがモア類の絶滅につながったからだ。

史上最大の鳥といわれたジャイアント・モアほか、モア類の九種は、マオリの人々によって狩り尽くされて、ヨーロッパ人がこの地にやってくる前の十五世紀以前に地上から姿を消した。

クライストチャーチのカンタベリー博物館で実際にジャイアント・モアの全身骨格を見たが、見上げる頸が疲れるほど巨大だった。そして、太い大腿骨が印象に残った。緑深いニュージーランドの森で数千万年も平和に暮らした巨鳥は、あっけなく地上から消えてしまったのだった。

そしてもう一種、モアを捕食していた猛禽も、モアと運命を共にした。

現在、ニュージーランドにはニュージーランドハヤブサとウスユキチュウヒの二種の猛禽がいる。ウスユキチュウヒはオーストラリアなどにも生息する鳥だが、ニュージーランドハヤブサはこの国の固有種である。だが、五百年以上前のニュージーランド南島の空には、もう一種、ハーストイーグルという名の史上最大級のワシがいた。

翼開長が三メートルを超えたこの鳥は、ニュージーランドの生態系の頂点にあって、中小の動物を狩る一方で、巨鳥モアをもその獲物としていたらしい。そしてモアの絶滅も引金となって、一五〇〇年ごろには絶滅したと考えられている。

象鳥＝エピオルニス

人間がその島で生活を始めると、当然のように環境が大きく変化する。森が焼かれたり畑にされるなどして、鳥たちが繁殖に利用していた場所が消滅することもあった。人間が連れてきた動物によって環境破壊がさらに進み、それが絶滅の引金を引くこともあった。

最大種では体高が三・三メートルを超えたというマダガスカルの巨鳥エピオルニス類、全七種が絶滅したのも、人間による環境破壊が大きく関係したと考えられている。このエピオルニスこそ、伝説の巨鳥「ロック鳥」のモデルになった鳥では、とも囁かれる存在だ。

最大種でも、ニュージーランドのジャイアント・モアより〇・三メートルほど背が低かったが、体重はジャイアント・モアの二倍の五〇〇キログラムに達するものもいた。

そんな巨鳥が現代まで生き残っていたら、世の中の鳥に対するイメージも大きく変わったかもしれない。少なくとも子供には大人気の鳥となっていたことだろう。

3　食べられ、羽毛を採られて絶滅

五十億羽が消滅

「ぜったいに大丈夫」という言葉に意味がないことを教えてくれたのは、北アメリカにいたリョコウバトだ。ヨーロッパ人が新大陸に入植したとき、そこには五十億羽ものリョコウバトがいた。当時の世界人口の数倍にもおよぶ数である。これだけいれば一千羽や一万羽くらい食べても平気だろうと、なにも考えることなく狩られ、食卓に上がった。

リョコウバトは実は繁殖力が弱く、生きていくのに仲間の存在が不可欠だった。つがいでいても、カワラバト（ドバト）のように簡単には増えない。雛を孵せないまま、親が死んでいく。それが理解されないまま、どんどん狩られていった。ただの遊びで樹上のハトを射殺する者もいた。

国が保護を決めたときにはすでに手遅れだった。野生個体は一八九九年に消滅し、マーサと名づけられ動物園で飼育されていた最後の個体も、一九一四年に死亡した。

リョコウバトはその名のとおり、繁殖地と越冬地のあいだを渡る鳥だった。繁殖していた土地が、人口が急激に増えつつあった北アメリカ大陸の東海岸にあったことも彼らの不幸といえた。

近年、その絶滅については、人間がさんざん食べたことだけでなく、住環境の破壊も大きく影響したとする説に支持が集まっている。

リョコウバトの標本
（大英自然史博物館蔵／「大英自然史博物館展」にて著者撮影）

そんなアメリカにおいて、リョコウバトの生息域とも近接する土地で暮らしていたカロライナインコも、害鳥、食用として駆除され、野生のものは一九〇四年に、飼育されていた個体も最後の一羽が一九一八年に死んだ。カロライナインコもまた、こんなにたくさんいるのだから多少殺しても影響は少ないだろうという人間の思い上がりが絶滅を呼んだ。

アメリカ合衆国北東部、ニューイングランドに暮らしたニューイングランドソウゲンライチョウも、食べ尽くされて絶滅した鳥である。

小笠原諸島は現在こそ日本の領土だが、主権が固定されるまではイギリスなどの捕鯨基地として、多くのヨーロッパ人が暮らした。彼らはこの地にいたオガサワラカラスバトを食料とした。最終的に「とどめ」を刺したのは彼らが連れてきたネコやブタやネズミだったとしても、きわめて多くのオガサワラカラスバトが人間に食された事実は揺らがない。

なお、ニュージーランドの東海上に位置するオークランド諸島に生息したオークランドアイサも、同じような要因で絶滅している。

戦争がなければ……

もともと食料の乏しかった島に駐留した軍隊が補給線を絶たれ、やむなく島にいるあらゆるものを食べた結果、地上から消滅した鳥もいる。

北太平洋の孤島ウェーク島。第二次世界大戦の際、日本はこの島を占領し、戦略拠点にしたが、戦争の後半には海上封鎖が行われて食糧が届かなくなった。戦争が終わったとき、この島にいたはずのウェーククイナは一羽もいなくなっていた。

すべて食べられ、島から消え去っていた。

羽毛を取る、生きたコレクションにする

美しい鳥は名前にその「美」が反映されることが多い。そして、そうした鳥にコレクターが群がると、一気にその生息数が減るのが常である。インド東部やバングラデシュに暮らしていたバライロガモは、美しい羽毛をもっていたがゆえに、狩られ、死に絶えた。

ハワイ島のムネフサミツスイやキゴシクロハワイミツスイも美しい鳥で、ハワイの王族が紋章に採用するほどだったが、その美しさがヨーロッパ人の蒐集欲を刺激した。さらに、豊かだった森が開発されて住み処を失ったことも、絶滅の要因となった。

オーストラリアのゴクラクインコは美しいインコで、あっという間に人気の鳥となったが、故郷から遠い北のヨーロッパでは長く生きることができず、運ばれた鳥のことごとくが死んだ。

彼らの巣はシロアリの蟻塚につくられた。繁殖には蟻塚が不可欠だったのだ。そんな鳥が、もともとの生息地を離れて生きていけるわけがなかった。特殊な生態があだになったのである。

隣のニュージーランドでも悲劇は起こっていた。

マオリ族の族長はかねてより、ホオダレムクドリの白い尾羽を髪飾りに使うなどしていたが、一九〇〇年ごろにニュージーランドを訪れたヨーク公（のちの英国王ジョージ五世）が、贈られたホ

オダレムクドリの尾羽つきの帽子をヨーロッパ社交界で見せたところ、人々がこのファッションに殺到。すべてが捕獲され、ヨーロッパへと送られることとなった。ヨーク公のニュージーランド訪問がなければ、もしかしたらホオダレムクドリの絶滅はなかったかもしれない。

4　ほかの理由で人間が絶滅させた鳥

環境変化や病気の侵入で絶滅

過去に切手になったこともあるグアテマラのオオオビハシカイツブリ。高原のアティトラン湖に暮らしていたが、増えた人間の暮らしに利用されるために湖の葦は根こそぎ刈られ、湖には人間の生活排水が流れ込んだ。生きていける環境が失われ、オオオビハシカイツブリは絶滅した。

森が伐採され、住み処を失ったことが絶滅につながった鳥は多い。

アニメキャラクター、ウッディ・ウッドペッカーのモデルとなったアメリカハシジロキツツキも、森林伐採などの環境破壊によって一九五二年には絶滅したと思われていた。だが、半世紀を経た二〇〇四年に偶然、再発見される。この貴重な鳥を二度と絶滅させないための取り組みが始まっている。

日本のオガサワラカラスバトやオガサワラマシコも、人間が連れてきたネコなどの動物の犠牲になっただけでなく、加えて、住んでいた森の破壊が絶滅の大きな要因となった。ハワイ島のオオハワイミツスイもそうした鳥の一種だ。

実は、ハワイミツスイ類が多数、絶滅した理由はほかにもある。

鳥マラリアや鳥ポックスといった原虫やウイルスが原因となった病気が島に持ち込まれ、蔓延したことが、絶滅に大きく影響したのだ。ハワイミツスイ類は、近代まで四十を超える種の生存が確認されていたが、すでに十七種が絶滅。十三種が絶滅危惧状態になっている。

人間の誤解で殺された鳥

人間の勝手な想像や誤解によって殺された鳥のことも紹介しておきたい。

ハヤブサの仲間に、カラカラと呼ばれるグループがいる。おもに南米に分布し、好奇心旺盛なフォークランド島のフォークランドカラカラなどがよく知られている。

カリフォルニア半島の沖に位置するメキシコ領のグアダルーペ島にもカラカラがいた。島の名前から、彼らはグアダルーペカラカラと名づけられた。

十八世紀にこの島でヤギの放牧が始まった際、襲ってくるかもしれない猛禽からヤギを守る目的で、積極的にグアダルーペカラカラは撃ち落とされた。なにもしていない相手に対する完全な冤罪であり、不当な攻撃だった。そして、ヤギの放牧から二百年を待たず、グアダルーペカラカラは地上から消え去ってしまった。

その後、島に増えたヤギは地上の草や木々の低い葉を食べ、それによってこの島の生態バランスが変化。そうした事態に加えて、人間が連れてきたネコが襲い、グアダルーペカラカラ同様、この島で暮らしていたグアダルーペハシボソキツツキは一九〇六年に、グアダルーペコシジロウミツバメは一九一一年に絶滅した。

グアダルーペハシボソキツツキについては、世界のキツツキ類の中でも並外れて警戒心が弱く、簡単に人間に捕獲される鳥だったことも絶滅を加速させたといわれている。

マングース投入の失敗

ハブの被害が続いていた沖縄本島に、ハブ害を減らす目的でインド産のマングースが放たれたのは一九一〇年のこと。動物学の権威であった東京大学の渡瀬庄三郎教授の提案によるものだったが、ヘビは減らず、ニワトリやアヒルなどの家禽のほか、のちには希少種のヤンバルクイナまでがマングースに襲われるなど、他の生物に対する悪影響だけを残してこの計画は失敗に終わった。

そんな本島の状況が確認されないまま、マングースは一九七九年に奄美大島にも移植され、悪影響が島を越えてさらに拡大する。権威者とされる人物の提案を盲目的に受け入れて失敗する例は多分にあるが、これはその典型といえた。

現在はマングースの駆除が進み、一部では撲滅が確認された。県は今後も駆除を進めるという。沖縄は手遅れにならずに済んだが、西インド諸島のアンティグア島およびその周辺の島々は間に合わなかった。一八〇〇年代にヘビやネズミを駆除する目的でマングースが導入されたが、マングースは当然のようにこれらの島の固有種までも襲い、アンティグアアナホリフクロウは一九〇〇年以前に絶滅した。

近い失敗はニュージーランドでも起こった。移民したヨーロッパ人が連れてきたアナウサギが現地で大繁殖し、農作物に被害を出すほどに増えすぎたため、ニュージーランド政府は対策として、フェレットやオコジョの導入を決める。確かに導入の効果はあった。ありすぎた。彼らはニュージーランド固有種のワライフクロウまでも食べ尽くし、結果、この種は一九一四年に絶滅した。

オーストラリアのワライカワセミと同様、ワライフクロウもその鳴き声が人間の笑い声に似ていたがゆえに付けられた名前だった。その笑い声は、永遠に失われてしまったのである。

ネコ、ネズミ、ブタの被害

ニュージーランドの北島と南島のあいだに、スティーブンズ島という小さな島がある。この島にはスチーフンイワサザイという鳥がいたが、島に持ち込まれたネコによって一九〇〇年ごろに絶滅した。スチーフンイワサザイは今から千年以上前にはニュージーランドのほぼすべての場所で見られたが、本島ではマオリ族が持ち込んだネズミが原因で絶滅したと考えられている。

フランス領ソシエテ諸島タヒチ島のタヒチシギが絶滅した理由も、人間が食用にするべくもちこんだブタがその卵を食べ尽くしたためといわれる。

5　絶滅は回避できたが……

憂鬱なペンギン

今でこそ、かわいい鳥の筆頭にも挙げられるペンギン。日本人が大好きな鳥でもある。だが、彼らが辿った運命は、あまりにも悲惨だった。

南米沿岸部に暮らすフンボルトペンギンやマゼランペンギンは、何万年もおなじコロニーを使

ペンギン釜

い、そこで代々、子育てをしていた。そこには、そのコロニーに暮らしたペンギンの数に比例した排泄物、「グアノ」が溜まっていた。グアノという名称は、長くこの地を支配したインカ人が使ったケチュア語の「糞」からきている。

ペンギンにとってはふつうの居住地。だが、新たな支配者となったヨーロッパ人の目には、大量のリン成分を含むグアノは、化学肥料等の原材料として高値で売れるすばらしい資源にしか見えなかった。その結果、そこに暮らしていたペンギンたちはグアノ採取の名目のもと、長年暮らした繁殖地を奪われることとなった。

ペンギンの悲劇はさらに続く。ペンギンは冷たい寒流が流れる深海に潜るため、皮下にたっぷりと脂肪を貯えている。その脂肪までもが資源とされたのだ。

コロニーの真ん中に脂を搾り取るための釜が置

かれ、ペンギンはそこに生きたまま放り込まれた。脂肪を精製した油（ペンギンオイル）を獲るために捕獲されたペンギンはキングペンギン、イワトビペンギン、ジェンツーペンギンなど複数種におよび、総数は一千万羽をくだらない。

ペンギンが絶滅しなかったのは、より低価格のオイルが手に入るようになって、人間がそちらに飛びついたためだ。けっして保護的な意図によるものではなかった。

そんな時代が二度と来ないことを切に祈りたい。

あとがきにかえて

本書は、広い意味での「鳥の文化誌」の本である。文化誌といいつつ、鳥の神話から鳥と関係する音楽、絶滅鳥にまで領域を拡げ、「鳥類学」と「文化誌」の枠を超えたかたちで書かせていただいた。もちろん、「文化史」の領域にも踏み込んでいる。

枠を大きく拡げたのは、自分がそうしたかったということに加えて、専門家を含め、鳥に関心をもつ人々の興味の範囲が、実はとても幅広く、多岐に渡ることを強く実感したからでもある。

この二十年間、神話のファンはもちろん、鳥の名前や鳥由来の色に関心をもつ方、鳥のさえずりをモチーフにした楽曲などに関心をもつ音楽ファンなど、多くの方と出会って話をした。そうした人々からいただいた要望やヒントが、本書の構成の基盤になっている。

もとより、『大江戸飼い鳥草紙』（吉川弘文館）を上梓させていただいたときから、次は文化誌の本と考えていた。『大江戸』の内容をより深めたいという思いのほか、全力で追いたいテーマ、書きたい対象がそこにはあったからだ。

だが、そうした思いを書籍のかたちでまとめるには、やはり（予想どおり）時間がかかった。『大江戸飼い鳥草紙』の原稿が最初に完成したタイミングから数えると、今年で十五年目。思えば遠くに……、という感慨もある。

研究、という点からいえば、自分の軸足は確かに「鳥の文化誌」にある。そういう意味で本書は、これまでやってきたこと、その本筋の集大成でもある。一方で、鳥の進化や心理などを含め、鳥のありとあらゆることを知りたい、理解したいという思いもずっと胸の内にあった。文化誌と科学。片方が進められればいいのではなく、どちらも欠かせないとずっと考えていた。

鳥の文化誌の史料や論文にまみれつつ、理系の情報にも広く触手をのばしてきたのは、そうした意思によるものである。もともと自身の内に学術領域の線引きなど存在していなかったことも大きいが、ある専門分野と別の専門分野の接点にこそおもしろいものが存在しているという予感があったことも大きい。長くプロフィールに書いていたように、特定の対象について、科学と歴史の両面からアプローチすることは、自分にとってはとても自然なことだった。

そんな思いのもと、「まずは科学系のことから」と、鳥の進化から体の構造、心理や行動特性、人間との類似点を、最新の情報を加えてぎゅっとまとめたのが、先の『鳥を識る』だった。次いで今回、その姉妹編の「文化誌」の本として、本書を書かせていただいた。こうした機会を与えてくださった担当編集の方に、深く感謝をしている。この本をまとめられたことで、鳥に関するあらゆることに触れたいという目標に、また一歩、近づくことができた。

馬琴の日記からインスピレーションを得て書き上げた『大江戸飼い鳥草紙』は、この分野の著作の最初の一里塚となった。そして、今回の本は二里目の塚になるのだと思う。

歴史的な研究に科学的な分析が加わってはじめて、鮮明に見えてくることがいろいろあることを、この本の執筆を通してあらためて実感した。

例えば「伝書鳩」についても、カワラバトの基本的な習性や行動、飛翔する力、飛び方に加えて、海馬を中心とするハトの脳の構造やその使い方、五感をかたちづくる身体の構造などを背景として理解してやっと、伝書鳩という存在の本質と、その文化誌が理解できる。

鳥のさえずりに関係する文化誌においては、西洋音楽を中心とした音楽学や音楽史の知識と、さえずり学習における鳥の脳内の神経伝達の理解があって、はじめて見えてくることも多い。

歴史学や民俗学だけでも、理系の知識だけでも、鳥を立体的に見ることはもちろん、鳥と人間の関係を深く理解することもかなわない。これまで半ば無意識にやってきた科学と歴史の両面からのアプローチには大きな意味があり、そうした解析が不可欠であったことを今、あらためて実感している。これまで鳥と関わってきた時間、鳥を識ることにかけてきた時間には、大きな意味があったと。

「鳥」という生き物と人間との関わりはとても奥が深く、踏み込んでも踏み込んでも先が見えない。落ちている情報を拾い集めようと下を見ながら歩を進め、もうずいぶん来たはずと思って頭を上げても、地平は遠く、遥かな先は霞の中。これがダンジョンなら、降りても降りても、深部には新たな階層が広がっている感じだ。

と言いながらも、この分野の探求において、まだまだ先があることを嬉しく思ったりもする。

ときに思いがけない事実にもぶつかるし、分野を跨いだ複数の情報をつなぎ合わせることで、今まで知られていなかったことが見えてくることもある。文章にして紹介した新事実を読者の方に喜んでもらえると、この歩みを続けていこうと、また強く思う。

どの角度から見ても、鳥は本当におもしろい。だからこれからも、鳥と関わることをやめない。おかげで本書の分量をもってしてもページが足りず、本書に入りきらなかったことがたくさんあった。鳥の妖怪、鳥の怪物の話もそう。これはいずれ、『鳥の怪物の文化誌』として本にしたい。鳥の神話や伝承についても、まだまだ掘り下げる余地があった。鳥漫画の系譜についてはまったく触れることができなかったので、鳥の文学などとともに、あらためて紹介していきたい。鳥を愛した人々のことも。

だが、その前に、鳥の文化誌に関心をもつ方のもとに、まずは江戸の図譜に描かれた鳥を詳しく紹介した書籍をお届けしたい。本書とともに、こちらもぜひ手にとって、江戸の絵師がいかに図譜（図鑑）の絵を描いたか、どんな鳥が描かれたのか、その目で確かめていただけると幸いである。

細川博昭

本書は「Ｗｅｂ春秋　はるとあき」（https://haruaki.shunjusha.co.jp/）において二〇一八年八月～二〇一九年九月まで連載した内容に大幅に加筆修正をほどこし、再構成した。第九章と終章は書き下ろしである。

参考・引用文献

■序章　歴史の黎明期から関係を紡いできた人と鳥

金関恕『弥生の習俗と宗教』学生社、二〇〇四年
草野心平編纂『日本の名随筆　2　鳥』作品社、一九八三年
高橋千劔破『花鳥風月の日本史』黙出版、二〇〇〇年
中江克己『色の名前で読み解く日本史』青春出版社、二〇〇三年
永田泰弘監修『日本の色・世界の色』ナツメ社、二〇一〇年
福田邦夫『色の名前はどこからきたか――その意味と文化』青娥書房、一九九九年
細川博昭『鳥を識る――なぜ鳥と人間は似ているのか』春秋社、二〇一六年
桝田隆宏『鳥と文学とエッセイと』大阪教育図書、二〇一〇年
和の色を愛でる会『暮らしの中にある日本の伝統色』大和書房、ビジュアルだいわ文庫、二〇一四年
アルダートン，デビッド『決定版 ペットバード百科』島森尚子訳、誠文堂新光社、一九九七年
アッタール，ファリード・ウッディーン『鳥の言葉――ペルシア神秘主義比喩物語詩』黒柳恒男訳、平凡社、二〇一二年
ドラマン，ジャック『鳥はなぜ歌う』石川湧訳、新思索社、二〇〇八年（復刊版）
バーバー，セオドア・ゼノフォン『もの思う鳥たち――鳥類の知られざる人間性』笠原敏雄訳、日本教文社、二〇〇八年

■第一章　神話に登場する鳥たち

飯野徹雄『フクロウの文化誌』中公新書、一九九一年
飯野徹雄『フクロウの民俗誌』平凡社、一九九九年
萱野茂『アイヌの昔話』平凡社、一九九三年
小島憲之ほか校注・訳『新編日本古典文学全集　2～4　日本書紀』（1～3）小学館、一九九四～一九九八年
後藤明『ハワイ・南太平洋の神話――海と太陽、そして虹のメッセージ』中公新書、一九九七年
斎藤尚生『有翼日輪の謎――太陽磁気圏と古代日蝕』中公新書、一九八二年
篠田知和基『世界鳥類神話』八坂書房、二〇一七年
曽野綾子・田名部昭『ギリシアの神々』講談社、一九八六年
鳥遊まき『世界一おもしろい日本神話の物語』こう書房、二〇〇六年
田中仁彦『ケルト神話と中世騎士物語――「他界」への旅と冒険』中央公論社、一九九五年
知里幸恵『アイヌ神謡集』岩波文庫、一九七八年
戸部民夫『八百万の神々――日本の神霊たちのプロフィール』新紀元社、一九九七年
長澤武『動物民俗』（Ⅰ、Ⅱ）法政大学出版局、二〇〇五年
中村禎里『日本人の動物観――変身譚の歴史』ビイング・ネット・プレス、二〇〇六年
中野美代子『中国の妖怪』岩波新書、一九八三年
日本民話の会、外国民話研究会編訳『世界の鳥の民話』三弥井書店、二〇〇四年
萩原浅男・鴻巣隼雄校注・訳『古事記 上代歌謡』小学館、一九七三年
土方美雄『マヤ・アステカの神々』新紀元社、二〇〇五年

桝田隆宏『英米文学の鳥たち』大阪教育図書、二〇〇四年
柳田国男ほか編『日本昔話記録』シリーズ　三省堂、一九七三〜七四年
山口健児『鶏』法政大学出版局、一九八三年
山本多助『カムイ・ユーカラ』平凡社ライブラリー、一九九三年
吉田敦彦『日本神話の源流』講談社学術文庫、二〇〇七年
アルパーズ，アントニー『ニュージーランドの神話——マオリの伝承世界』井上英明訳、青土社、一九九七年
グレンベック『北欧神話と伝説』山室静訳、新潮社、一九七一年
コッテル，アーサー『世界神話辞典』左近司祥子ほか訳、柏書房、一九九三年
ターナー，ディヴィド『やぶにらみ 鳥たちの博物誌——鳥とりどりの生活と文化』別宮貞徳訳、悠書館、二〇一五年
チャド，レイチェル・ウォーレン、テイラー，メリアン『世界の美しい鳥の神話と伝説』プレシ南日子、日向やよい訳、エクスナレッジ、二〇一八年
ニコルソン，アイリーン『マヤ・アステカの神話』松田幸雄訳、青土社、一九九二年
バチラー，ジョン『アイヌの暮らしと伝承』小松哲郎訳、北海道出版企画センター、一九九九年
ブルフィンチ，トマス『ギリシア・ローマ神話』大久保博訳、角川文庫、一九七〇年

■第二章　鳥の認知はどう拡充したか

芦田正次郎『動物信仰辞典』北辰堂出版、一九九九年
梶島孝雄『資料日本動物史』八坂書房、一九九七年（新装版は二〇〇二年）
金子浩昌ほか『日本史のなかの動物事典』東京堂出版、一九九二年
小島憲之ほか校注・訳『新編日本古典文学全集 6〜9 萬葉集』（1〜4）小学館、一九九四〜一九九六年
佐原雄二『幻像のアオサギが飛ぶよ』花伝社、二〇一六年
高橋秀治『動植物ことわざ辞典』東京堂出版、一九九七年
平林章仁『鹿と鳥の文化史』白水社、二〇一一年（新装版）
藤原定家『訓読 明月記』（1〜6）河出書房新社　一九七七〜一九七九年
矢部治『万葉の鳥、万葉の歌人』東京経済、一九九三年
山田修七郎『万葉の鳥』近代文藝社、一九八五年
マクドナルド，ヘレン『ハヤブサ——その歴史・文化・生態』宇丹貴代実訳、白水社、二〇一七年

■第三章　鳥の名前と名づけ

上田恵介監修『小学館の図鑑 NEO 鳥 新版』小学館、二〇一五年
大橋弘一・Naturally『鳥の名前』東京書籍、二〇〇三年
『科学朝日』編『殿様生物学の系譜』朝日選書、一九九一年
木村陽二郎『江戸期のナチュラリスト』朝日選書、一九八八年
黒田長久監修『鳥の日本史』（別冊歴史読本特別号）新人物往来社、一九八九年
尚学図書 言語研究所編『鳥の手帖——江戸時代の図譜と文献例でつづる鳥の歳時記』小学館、一九九〇年
菅原浩・柿澤亮三『図説日本鳥名由来辞典』柏書房、一九九三年
中国科学院中国動物志編集委員会主編『中国動物志 鳥綱 第十巻 雀形目 鶲亜科』科学出版社、一九九五年
中国科学院中国動物志編集委員会主編『中国動物志 鳥綱 第十四巻 雀形目 文鳥科 雀

科』科学出版社、一九九八年
杜甫／黒川洋一編『杜甫詩選』岩波文庫、一九九一年
日高敏隆監修『日本動物大百科　3〜4』（鳥類Ⅰ、Ⅱ）平凡社、一九九六〜九七年
細川博昭『江戸時代に描かれた鳥たち』ソフトバンク・クリエイティブ、二〇一二年
細川博昭『身近な鳥のすごい事典』イースト新書Q、二〇一八年
吉井正監修、三省堂編修所編『コンサイス鳥名事典』三省堂、一九八八年
ペリンズ，C・M、ミドルトン，A・L・A編『動物大百科　7〜9』（鳥類Ⅰ、Ⅱ、Ⅲ）黒田長久監修、平凡社、一九八六年

■第四章　さえずる鳥と音楽

池内正幸『ひとのことばの起源と進化』開拓社、二〇一〇年
岡田暁生『西洋音楽史——クラシックの黄昏』中公新書、二〇〇五年
岡ノ谷一夫『小鳥の歌からヒトの言葉へ』岩波科学ライブラリー、二〇〇三年
岡ノ谷一夫『言葉はなぜ生まれたのか』文藝春秋、二〇一〇年
岡ノ谷一夫『つながりの進化生物学』朝日出版社、二〇一三年
音楽之友社編『標準音楽辞典 第二版』音楽之友社、二〇〇八年
川村多実二『鳥の歌の科学』中央公論社、自然選書、一九七四年
後藤真理子『図説 モーツァルト——その生涯とミステリー』河出書房新社、二〇〇六年
小西正一『小鳥はなぜ歌うのか』岩波新書、一九九四年
島田瑠里／樋口広芳監修『歌う鳥、さえずるピアノ』草思社、一九九七年
島森尚子『ザ・カナリア——最新の品種・飼育法・繁殖・ケアがわかる』誠文堂新光社、二〇一〇年
堀内敬三『音楽史』音楽之友社、一九五〇年（新版は一九九八年）
皆川達夫『中世・ルネッサンスの音楽』講談社学術文庫、二〇〇九年
渡辺茂『認知の起源を探る』岩波科学ライブラリー、一九九五年
グリム『グリム童話集』（1〜5）金田鬼一訳、岩波文庫、一九九五年
ジョルダーニア，ジョーゼフ『人間はなぜ歌うのか？——人類の進化における「うた」の起源』森田稔訳、アルク出版企画、二〇一七年
ハウプト，ライアンダ・リン『モーツァルトのムクドリ』宇丹貴代実訳、青土社、二〇一八年
ミズン，スティーヴン『歌うネアンデルタール——音楽と言語から見るヒトの進化』熊谷淳子訳、早川書房、二〇〇六年
メシアン，オリヴィエ（CD）『鳥のカタログ ニワムシクイ』解説書、ユニバーサル・ミュージック、一九九四年
レヴィティン，ダニエル・J『音楽好きな脳——人はなぜ音楽に夢中になるのか』西田美緒子訳、白揚社、二〇一〇年

■第五章　鳥と暮らす、鳥を飼う

秋篠宮文仁編著『鶏と人——民族生物学の視点から』小学館、二〇〇〇年
秋篠宮文仁・林良博編『ヒトと動物の関係学　2　家畜の文化』岩波書店、二〇〇九年
今橋理子『江戸の花鳥画』スカイドア、一九九五年
内田康夫・磯野直秀『舶来鳥獣図誌——唐蘭船持渡来鳥獣之図と外国産鳥之図』八坂書房、一九九二年
小野蘭山『本草綱目啓蒙』（3、4）平凡社（東洋文庫）、一九九一〜一九九二年

黒岩比佐子『伝書鳩——もうひとつのIT』文春新書、二〇〇〇年
国立歴史民族博物館編『はにわ人は語る』山川出版社、一九九九年
斎藤正二『日本人と動物』八坂書房、二〇〇二年
清少納言・紫式部／池田亀鑑ほか校注『日本古典文学大系 19 枕草子 紫式部日記』岩波書店、一九五八年
橘成季／永積安明、島田勇雄校注『日本古典文学大系 84 古今著聞集』岩波書店、一九六六年（原著成立は一二五四年）
細川博昭『大江戸飼い鳥草紙——江戸のペットブーム』吉川弘文館、二〇〇六年
三樹園主人『小鳥の講座』大文館書店、一九二六年
渡辺信一郎『江戸の生業事典』東京堂出版、一九九七年
シーボルト『江戸参府紀行』斎藤信訳、平凡社（東洋文庫）一九六七年
タッジ，コリン『鳥——優美と神秘、鳥類の多様な形態と習性』黒沢令子訳、シーエムシー出版、二〇一二年
プリニウス『プリニウスの博物誌 2』中野定雄ほか訳、雄山閣、二〇一二年
ロウラー，アンドリュー『ニワトリ 人類を変えた大いなる鳥』熊井ひろ美訳、インターシフト、二〇一六年

■第六章　記号化され、文様となった鳥

奥野卓司・秋篠宮文仁編『ヒトと動物の関係学 1 動物観と表象』岩波書店、二〇〇九年
苅安望『最新版 国旗と国章図鑑』世界文化社、二〇一八年
鶴岡真弓『すぐわかるヨーロッパの装飾文様』東京美術、二〇一三年
丹羽基二『家紋大図鑑』秋田書店、一九七一年
早坂優子『ヨーロッパの文様辞典』視覚デザイン研究所、二〇〇〇年
早坂優子『日本・中国の文様辞典』視覚デザイン研究所、二〇〇〇年
水野久美『世界の国鳥』青幻舎、二〇一七年
米田雄介・児島健次郎ほか『正倉院への道——天平の至宝』雄山閣、一九九九年

■第七章　鳥を観る文化

秋里舜福／原田幹校訂『摂津名所図会』大日本名所図会、一九一九年（原著［序］発行は、一七九四年）
朝倉無声『見世物研究』（復刊）思文閣出版、一九七七年（原著刊行は一九二八年）
網野善彦ほか『日本歴史と芸能 13 大道芸と見世物』平凡社、一九九一年
川添裕『江戸の見世物』岩波新書、二〇〇〇年
国書刊行会『新燕石十種』国書刊行会、一九一二〜一九一三年
国立科学博物館編『日本の博物図譜——十九世紀から現代まで』東海大学出版会、二〇〇一年
小山幸子『ヤマガラの芸』法政大学出版局、一九九九年
斎藤月岑／市古夏生・鈴木健一校訂『新訂 東都歳時記』（上・下）ちくま学芸文庫、二〇〇一年（原著発行は一八三八年）
佐々木時雄『動物園の歴史』西田書店、一九七五年
佐々木時雄『続動物園の歴史 世界編』西田書店、一九七七年
寺島良安／島田勇雄ほか校注『和漢三才図会 6』平凡社（東洋文庫）、一九八七年（原著は、正徳三年／一七一三年）
利倉隆『絵画のなかの動物たち』美術出版社、二〇〇三年

藤岡摩里子『浮世絵の中の江戸玩具——消えたみみずく、だるまが笑う』社会評論社、二〇〇八年
武陽隠士／本庄栄治郎ほか校訂『世事見聞録』岩波書店、一九九四年（原著は文化十三年（一八一六年）頃の発行）
溝井裕一『動物園の文化史』勉誠出版、二〇一四年
若生謙二『動物園革命』岩波書店、二〇一〇年
アリストテレス『アリストテレス全集 動物誌』（上・下）島崎三郎訳、岩波書店、一九六八年
ポーロ，マルコ『東方見聞録』（1、2）愛宕松男訳、平凡社（東洋文庫）、一九七〇〜一九七一年

■第八章　鳥を食べる

秋篠宮文仁・林良博編『ヒトと動物の関係学 2 家畜の文化』岩波書店、二〇〇九年
江口保暢『動物と人間の歴史』築地書館、二〇〇三年
江戸遺跡研究会編『江戸の食文化』吉川弘文館、一九九二年
小野武雄編著『江戸物価事典』展望社、二〇〇九年
喜多村筠庭『嬉遊笑覧』岩波文庫、二〇〇二年
曲亭馬琴／洞富雄編『馬琴日記』（1〜4） 中央公論社、一九七三年
曲亭馬琴『吾佛乃記 滝沢馬琴家記』八木書店、一九八七年
国書刊行会編『雑芸叢書1』国書刊行会、一九一五年（『料理物語』を収録）
小松左京『鳥と人——とくにニワトリへの感謝をこめて』文藝春秋、一九九二年
渋澤龍彦『私のプリニウス』河出文庫、一九九六年
中江克己『お江戸の意外な「モノ」の値段——物価から見える江戸っ子の生活模様』PHP 文庫、二〇〇三年
中澤克昭『肉食の社会史』山川出版社、二〇一八年
萩原秀三郎『稲と鳥と太陽の道——日本文化の原点を追う』大修館書店、一九九六年
原田信男『江戸の料理史』中公新書、一九八九年
細川博昭『知っているようで知らない鳥の話——恐るべき賢さと魅惑に満ちた体をもつ生きもの』ソフトバンク・クリエイティブ、サイエンス・アイ新書、二〇一七年
馬淵和夫ほか校注・訳『新編日本古典文学全集 37 今昔物語集』（3）小学館、二〇〇一年
三田村鳶魚／朝倉治彦監修『娯楽の江戸——江戸の食生活』中公文庫、一九九七年
山内昶『ヒトはなぜペットを食べないか』文春新書、二〇〇五年
リー，ポーラ・ヤング『ジビエの歴史』堤理華訳、原書房、二〇一八年
『四条遺跡第27次調査 記者発表資料』奈良県立橿原考古学研究所、二〇〇〇年
『田原本町文化財調査年報24 二〇一四年度』奈良文化財研究所、二〇一四年
『千葉地東遺跡』（神奈川県立埋蔵文化財センター調査報告第10集）、神奈川県立埋蔵文化財センター、一九八六年
『埋文とやま』（vol. 76）富山県埋蔵文化財センター、二〇〇一年

■第九章　鳥の利用

羽毛文化史研究会編『羽毛と寝具のはなし——その歴史と文化』日本経済評論社、一九九三年
小林順・吉田秀雄『筆記用具のイギリス文学』晃洋書房、一九九九年
富田幸光監修・執筆『小学館の図鑑 NEO［新版］恐竜』小学館、二〇一四年

橋本麻里『変り兜——戦国のCOOL DESIGN』新潮社、二〇一三年
アンデルセン『完訳 アンデルセン童話集 I』大畑末吉訳、岩波文庫、一九八四年
ギース，フランシス『中世ヨーロッパの騎士』椎野淳訳、講談社学術文庫、二〇一七年
ダイアモンド，ジャレド『銃・病原菌・鉄——1万3000年にわたる人類史の謎』（上・下）倉骨彰訳、草思社、二〇〇〇年
ハラリ，ユヴァル・ノア『サピエンス全史——文明の構造と人類の幸福』（上・下）柴田裕之訳、河出書房新社、二〇一六年
ハーティング，ジェイムズ・E『シェイクスピアの鳥類学』関本榮一、高橋昭三訳、博品社、一九九三年
ハンソン，ソーア『羽——進化が生み出した自然の奇跡』黒沢令子訳、白揚社、二〇一三年
Pendergrast, Mick. *The Sacred Thread: Traditional Maori Weaving.* Reed Methuen, 1987.

■第十章　鳥を使う、鳥に乗る

朝日新聞社編『三星堆 中国5000年の謎・驚異の仮面王国図録』朝日新聞社・テレビ朝日、一九九八年
奥野卓司『鳥と人間の文化誌』筑摩書房、二〇一九年
可児弘明『鵜飼——よみがえる民俗と伝承』中央公論社、一九六六年
国松俊秀『鳥の博物誌——伝承と文化の世界に舞う』河出書房新社、二〇〇一年
徐朝龍『長江文明の発見——中国古代の謎に迫る』角川選書、一九九八年
波多野鷹『鷹狩りへの招待』筑摩書房、一九九七年
百瀬淳子『アビ鳥を知っていますか——人と鳥の文化動物学』福村出版、二〇一一年

■終章　地上から消えた鳥

国立科学博物館・読売新聞社編『大英自然史博物館展図録』大英自然史博物館、二〇一七年
佐藤晴美『50億のマーサ』笠倉出版社、一九八五年
日本鳥学会『日本鳥類目録 改訂第7版』日本鳥学会、二〇一二年
平岡昭利『アホウドリを追った日本人』岩波新書、二〇一五年
細川博昭『みんなが知りたいペンギンの秘密——なぜペンギンは北半球にいないの？ 寒さが苦手なペンギンもいるってホント？』ソフトバンク・クリエイティブ、サイエンス・アイ新書、二〇〇九年
ダーウィン，チャールズ『種の起源』（上・下）八杉龍一訳、岩波文庫、一九九〇年
シルヴァーバーグ，ロバート『地上から消えた動物』佐藤高子訳、ハヤカワ文庫NF、一九八三年
ストッフル，ステファニー・ラヴェット『不思議の国のアリスの誕生——ルイス・キャロルとその生涯』笠井勝子監修、高橋宏訳、創元社、「知の再発見」双書、一九九八年
WWFJapan 監修『失われた動物たち——20世紀絶滅動物の記録』広葉書林、一九九六年
McCulloch, Beverley. *No Moa.* Canterbury Museam, 1982.

[江戸期のもの]

『職人尽絵詞』原図：北尾政美（鍬形恵斉）／詞書：山東京伝ほか、文化三年（一八〇六

年)、国会図書館
『職人尽絵貼りまぜ屏風』十七世紀後半、千葉県立中央博物館
貝原益軒『大和本草』宝永六年(一七〇九年)、中村学園大学図書館
菅茶山『筆のすさび』安政四年(一八五七年)(岩波書店『新日本古典文学大系 99』収録)
菅清璣『奇観名話』宝暦八年(一七五八年)、国会図書館
曲亭馬琴『羇旅漫録』享和二年、一八〇二年(吉川弘文館『日本随筆大成』第1期第1巻収録)
佐藤成裕『飼籠鳥』文化五年(一八〇八年)、国会図書館
泉花堂三蝶『百千鳥』寛政十一年(一七九九年)、国会図書館
蘇生堂主人『喚子鳥』宝永七年(一七一〇年)、国会図書館
滝沢馬琴『禽鏡』(全六巻)天保五年(一八三四年)(平凡社・東洋文庫)
長頭丸『あふらかす(油加須)』寛永二十年(一六四三年)、国会図書館
堤它山『橐駝考』文政七年(一八二四年)、国会図書館
馬場文耕『当世武野俗談』宝暦七年(一七五七年)(中央公論社『燕石十種』第4巻収録)
浜松歌国『摂陽年鑑』天保四年(一八三三年)、国会図書館
伴蒿蹊『閑田耕筆』享和元年(一八〇一年)(吉川弘文館『日本随筆大成』第1期第18巻収録)
左馬介『諸禽万益集』享保二年(一七一七年)、国会図書館
人見必大『本朝食鑑』元禄五年(一六九二年)(平凡社・東洋文庫)
比野勘六『飼鳥必要』(一八〇〇年前後)、国会図書館
比野勘六『鳥賞案子』享和二年(一八〇二年)、国会図書館
牧野貞幹『鳥類写生図』文化七年(一八一〇年)頃、国会図書館
増山正賢(雪斎)『百鳥図』寛政十二年(一八〇〇年)頃、国会図書館
水谷豊文『水谷禽譜』(一八一〇年頃)、国会図書館
毛利梅園『梅園禽譜』天保十年序(一八三九年)、国会図書館
作者不詳『外国産鳥之図』江戸末期、国会図書館
作者不詳『外国珍禽異鳥図』江戸末期、国会図書館
作者不詳『薩摩鳥譜図巻』江戸末期、国会図書館
作者不詳『唐蘭船持渡鳥獣之図』江戸末期、慶応義塾図書館
作者不詳『浪華百事談』明治二十八年(一八九五年)頃(吉川弘文館『日本随筆大成』第3期第2巻収録)
作者不詳『料理物語』寛永十三年(一六三六年)頃(国書刊行会『雑芸叢書1』収録)

このほか、日本鳥学会学会誌、『BIRDER』(文一総合出版)(一九九八・5月号〜二〇一九・9月号)をはじめ、多くの書籍、論文、報道資料(webを含む)を参考にした。

［著者紹介］

細川博昭（ほそかわ・ひろあき）

作家。サイエンス・ライター。鳥を中心に、歴史と科学の両面から人間と動物の関係をルポルタージュするほか、先端の科学・技術を紹介する記事も執筆。おもな著作に、『鳥を識る』（春秋社）、『鳥が好きすぎて、すみません』『うちの鳥の老いじたく』（誠文堂新光社）、『知っているようで知らない鳥の話』『鳥の脳力を探る』『身近な鳥のふしぎ』『江戸時代に描かれた鳥たち』（SB クリエイティブ）、『身近な鳥のすごい事典』『インコのひみつ』（イースト・プレス）、『大江戸飼い鳥草紙』（吉川弘文館）などがある。

日本鳥学会、ヒトと動物の関係学会、生き物文化誌学会ほか所属。

twitter:@aru1997maki

［写真提供］

9、20、23、36、50、56、67、115、121、122、133、139、149、160、227、266ページ／神吉晃子

21ページ／のどか

29、52、55、228ページ／永井陽二郎

72、84ページ／山田ゆかり

76、219ページ／谷修二

231ページ（下）／中曽根ひろ子

283ページ／伊藤誠司

315ページ／鎌倉文也

鳥と人、交わりの文化誌

2019年11月27日　第1刷発行

著　　者　細川博昭
発 行 者　神田　明
発 行 所　株式会社　春秋社
〒101-0021　東京都千代田区外神田2-18-6
電話　(03)3255-9611（営業）
(03)3255-9614（編集）
振替　00180-6-24861
http://www.shunjusha.co.jp/
印 刷 所　株式会社　太平印刷社
製 本 所　ナショナル製本協同組合
装　　丁　伊藤滋章
イラスト　支倉槙人事務所、安部繭子

ISBN978-4-393-42460-5 C0095　定価はカバー等に表示してあります

細川博昭
鳥を識る
なぜ鳥と人間は似ているのか

恐竜の生き残りでもある鳥は高い知能と豊かな感情を持ち、ヒトとの共通点が多い生き物。思考し遊び音声で意思疎通を図る……種属を超えた類似点を探りながら人間とは何かを考える。

一九〇〇円

星野　保
菌は語る
ミクロの開拓者たちの生きざまと知性

異色の菌類学者が見た菌類のダイナミックなドラマ。極限環境でヒト知れず暗躍する菌類の謎に包まれた生態や生存戦略等を紹介。生物の多様性を照らし出す型破りな解説書。

一八〇〇円

佐治晴夫
14歳からの数学
佐治博士と数のふしぎの1週間

「数学はソナタに似ている。」——科学の詩人・佐治博士が語る楽しくてわかりやすい数学の話。論理や集合から方程式、相対論やフラクタルまで中学生でもすらすら頭に入る！

一七〇〇円

佐治晴夫
14歳のための宇宙授業
相対論と量子論のはなし

「無」としかいいようのない状態から、突如、まばゆい光として誕生した宇宙。このかけがえのない世界を記述する現代の科学理論の2つの柱をわかりやすく詩的に綴る宇宙論のソナチネ。

一八〇〇円

小林朋道
進化教育学入門
動物行動学から見た学習

動物行動学の「進化的適応」理論に立脚し、学習のメカニズムを進化の領野からとらえる「進化教育学」を紹介。より効果的で深い学習が起こるための方法のヒントを提示する。

一七〇〇円

▼価格は税別。